Erinnerungen an Sigmund Freud

Ludwig Binswanger

Erinnerungen an Sigmund Freud

Mit einer Einleitung von Eveline List

francke
VERLAG

Bibliografische Information der Deutschen Nationalbibliothek

Die Deutsche Bibliothek verzeichnet diese Publikation in der Deutschen Nationalbibliografie; detaillierte bibliografische Daten sind im Internet über http://dnb.dnb.de abrufbar.

Umschlagabbildung: Treppenhaus mit Eingang zu Sigmund Freuds Behandlungsräumen, Berggasse, Wien. (Fotografie von 2008). Quelle: wikimedia commons.

Dischingerweg 5 · D-72070 Tübingen

Gedruckt auf chlorfrei gebleichtem und säurefreiem Werkdruckpapier.

Internet: www.francke.de
E-Mail: info@francke.de

Printed in Germany

ISBN 978-3-7720-8517-8

ANNA FREUD

IN VEREHRUNG ZUGEEIGNET

Inhalt

Eveline List: Einleitung IX

Vorwort von Ludwig Binswanger 1

Meine drei ersten Besuche bei Freud
in Wien (1907–1913) 3

Aus Freuds Briefen bis zum ersten Weltkrieg.
Sein Besuch in Kreuzlingen Pfingsten 1912 15

Im ersten Weltkrieg 66

Von 1919 bis zu Freuds Tod 73

Nach Freuds Tod 112

Einleitung

«Gehen Sie mit mir soweit Sie können,
und im übrigen wollen wir Freunde bleiben.» (20)

In seinem an bedeutenden Begegnungen reichen Leben hatte die Bekanntschaft Ludwig Binswangers mit Sigmund Freud einen ganz besonderen Stellenwert, der sich auch in der Publikation seiner Erinnerungen an sie manifestierte.

Binswangers Buch, das zu schreiben er lange zögerte, ist ein feines Dokument der Freundschaft zweier ungleicher und doch auch gleich gestimmter Männer. Es spiegelt die respektvolle Herzlichkeit zwischen den beiden, erlaubt einige aufschlussreiche Einblicke in manche Details der Geschichte der psychoanalytischen Bewegung und war bei seinem Erscheinen ob der ausführlichen Verweise und Zitate aus dem – damals noch unveröffentlichten – Briefwechsel der beiden Protagonisten eine wichtige Quelle der Freud-Forschung.

Auch heute, zwei Generationen später und nach der inzwischen erfolgten Publikation der Korrespondenz, liegt der Wert einer neue Ausgabe dieses Buches, vor allem in der persönlichen Darstellung der Freundschaft, der es gewidmet ist, im Kontext des historischen Geschehens und der wissenschaftlichen Auseinandersetzungen. Zugleich erhält Gerhard Fichtners vorzügliche Edition[1] des Briefwechsels zwischen Sigmund Freud und Ludwig Binswanger durch diese nun wieder zugänglichen Erinnerungen einen besonderen lebhaften Rahmen. Jedenfalls kann eine neuerliche Veröffentlichung nicht mehr ohne Bezug auf den Briefwechsel kommentiert werden und würde sonst ja auch wichtige Vertiefungen außer Acht lassen, welche die Beziehung der beiden lebendig und nachvollziehbar machen.

Die faktischen Gegebenheiten sind rasch genannt: Ludwig Binswanger und Sigmund Freud sind einander zwischen 1907

[1] Sigmund Freud – Ludwig Binswanger Briefwechsel 1908–1938. Hg. v. Gerhard Fichtner, Frankfurt am Main (Fischer Verlag) 1992.

und Freuds Tod 1939 insgesamt elfmal persönlich begegnet, mehrmals für mehrere Tage im Familienkreis, viermal bei Kongressen der Internationalen Psychoanalytischen Vereinigung. Die Kontinuität ihrer Beziehung beruhte vor allem auf ihren Briefen. Nach Gerhard Fichtners Rekonstruktion waren es zumindest 116, die Freud an Binswanger und 130 die Binswanger an Freud geschrieben hat.[1] Seit der Publikation des Briefwechsels kann das Erinnerungsbuch durch die Gesamtheit der Briefe vervollständigt gelesen werden, was beiden Publikationen zum Vorteil gereicht.

Es war nicht irgendein angehender Schweizer Nervenarzt, den Sigmund Freud am 3. März 1907[2] in der Berggasse in Wien empfing. Ludwig Binswanger kam aus einer wohletablierten assimilierten jüdischen Familie. Sein Großvater gleichen Namens, der seine Kinder aus zweckrationalen Überlegungen protestantisch taufen hatte lassen[3] begründete eine berühmte Psychiater-Dynastie. Die von ihm 1857 gegründete Privatklinik «Bellevue» in Kreuzlingen, wurde eine damals beispielhafte psychiatrische Kuranstalt und Klinik, in der, «den Anforderungen höherer Stände entsprechend eingerichtet»[4], psychiatrisch und psychosozial auf höchstem Niveau behandelt wurde. Es wurde wissenschaftlich und politisch eine fortschrittliche Psychiatrie ohne die allgemein üblichen Zwangsmittel vertreten und der alltägliche enge Kontakt zwischen Arztfamilie(n) und Patienten gepflegt. Für diese aufmerksame und höchst individuell abgestimmte Behandlungsweise wurde die Klinik Bellevue bald international bekannt; auch Josef Breuer und Sigmund Freud hatten in den 1890-er Jahren Patientinnen dorthin verwiesen.

In diesem patientenzentrierten Ambiente war Ludwig Binswanger wie selbstverständlich auf dem Anwesen der Klinik

[1] Siehe: Freud – Binswanger Briefwechsel, 274–280.

[2] Freud – Binswanger Briefwechsel, XXXVI.

[3] Siehe: Gerhard Fichtner : Einleitung Freud – Binswanger Briefwechsel, XI, FN 15.

[4] Max Herzog (Hg.) (1995): Ludwig Binswanger und die Chronik der Klinik «Bellevue» in Kreuzlingen. Eine Psychiatrie in Leitbildern. Berlin – München (Quintessenz), 10.

aufgewachsen. Natürlich studierte er Medizin und nach seiner Promotion ging er als Assistenzarzt an das einzige mit Bellevue vergleichbare Krankenhaus, die Züricher Universitätsklinik «Burghölzli», zu seinem verehrten Professor Eugen Bleuler. Er nannte später seine dort verbrachte Zeit die «weitaus beschwingteste meiner psychiatrischen Lehrjahre» (9). Bei Carl Gustav Jung, damals Oberarzt, schrieb er seine Dissertation über «Das psychogalvanische Reflexionsphänomen im Assoziationsexperiment», ein damals hochaktuelles Thema über den Zusammenhang von Vorstellungen und Affektgeschehen. Unweigerlich befasste er sich auch mit der Psychoanalyse.

Eugen Bleuler, der 1898 die Züricher Klinik von Auguste Forel übernahm, hatte sich seit einigen Jahren für die Psychoanalyse interessiert, Arbeiten von Sigmund Freud besprochen und zuvor auch schon kurz mit ihm Kontakt gehabt.[1] Die Wichtigkeit seiner Unterstützung ist für die frühe Psychoanalyse kaum zu überschätzen und sie steht auch am Ursprung der Beziehung zwischen Binswanger und Freud. Unter Bleulers Leitung wurde «Burghölzli» die erste Klinik mit Reputation, wo man sich der Psychoanalyse als therapeutischem Verfahren interessiert zugewandt und sie regelmäßig anzuwenden begonnen hatte. Bleuler hatte eine Gruppe junger Ärzte um sich versammelt, mit denen er sich dem Studium der Psychoanalyse widmete und eben auch die damals so aktuellen Assoziationstests durchführte. Unter ihnen befanden sich einige der später namhaftesten Psychoanalytiker. Die Begeisterung an der gemeinsamen Forschung, die Bleuler in Burghölzli entfachte, ist vielfach beschrieben worden.[2] 1904 erschien eine Buchkritik mit sehr positiven Referenzen auf Freud von

[1] Siehe: Susanne Apel-Riel (2009): Der Briefwechsel zwischen Ludwig Binswanger und Eugen Bleuler von 1907–1930 im Spannungsfeld von Psychoanalyse und Psychiatrie in der ersten Hälfte des 20. Jahrhunderts. Tübingen, med. Diss., 2009, 36.

[2] Siehe: Henry F. Ellenberger (1970): Die Entdeckung des Unbewußten. Geschichte und Entwicklung der dynamischen Psychiatrie von den Anfängen bis zu Janet, Freud, Adler und Jung Zürich (Diogenes Verlag) 1985; Peter Loewenberg (1995): The Creation of a scientific Community: The Burghölzli, 1902–1914. In: Ders.: Fantasy and Reality in History, New York/Oxford (Oxford University Press), 46–89.

Bleuler in der Münchner medizinischen Wochenschrift[1] und im selben Jahr begann seine regelmäßige Korrespondenz mit Freud nachdem er diesen um Interpretationshilfe bei einigen seiner Träume gebeten hatte. Carl Gustav Jung schickte Freud im Frühjahr 1906 seine Arbeit über «Diagnostische Assoziationsstudien», was ebenfalls einen kontinuierlichen Briefverkehr einleitete. Max Eitingon wandte sich wenig später im selben Jahr an Freud mit der Bitte um Übernahme einer Patientin und Karl Abraham bat im Sommer 1907 um einen Kommentar zu seiner Arbeit «Über die Bedeutung sexueller Jugendtraumen für die Symptomatologie der Dementia Praecox». Er verließ dann wenige Monate später Zürich, um, von Freud ermuntert, nach Berlin zu übersiedeln, wo er ein neues Zentrum der Psychoanalyse begründete. Die Züricher drängten sich sichtlich um Kontakte mit Freud. Eitingon besuchte ihn im Jänner 1907 in Wien, ein Monat später folgte C. G. Jung in Begleitung Ludwig Binswangers.

Der Gründer der Psychoanalyse stand somit in engem Kontakt zur Züricher Universitätsklinik «Burghölzli», in die er keine geringen Hoffnungen setzte. Vor allem natürlich hinsichtlich der Anerkennung seiner Lehre in der Psychiatrie, andererseits aber besonders auch bezüglich der weiteren psychoanalytischen Erforschung von Psychosen. In diesem Sinn war die öffentliche Bestätigung seiner Erkenntnisse durch Eugen Bleuler oder auch durch Jungs publizierte Assoziationsstudien von höchster Bedeutung für ihn.

Carl Gustav Jung hatte sich ganz besonders für die Psychoanalyse interessiert und sah sich bald auch als ihr Protagonist in Zürich. Dass er Ludwig Binswanger einlud, ihn und seine Frau zu Freud zu begleiten, hatte mit dessen Doktorarbeit, aber wohl auch mit dem Renommee seiner Familie in Psychiaterkreisen zu tun. Sein Onkel Otto Binswanger war Professor für Psychiatrie in Jena und als dessen Neffen kündigte

[1] Sigmund Freud an Wilhelm Fließ am 26.4.1904. In: Sigmund Freud Briefe an Wilhelm Fließ 1887–1904. Ungekürzte Ausgabe, hg. v. Jeffrey M. Masson, Bearbeitung in der deutschen Fassung von M. Schröter, Transkription von G. Fichtner. Frankfurt am Main (Fischer) 1986, 505.

Jung seinen Begleiter bei Freud auch an.[1] Ludwig Binswanger würde bei ihm an sein Assistenzjahr in Zürich ein weiteres anschließen. Jung tat mit dieser Reise allen Beteiligten einen Gefallen und initiierte zugleich komplizierte Beziehungsverhältnisse, von welchen sowohl ihre Korrespondenzen als auch Binswangers Erinnerungen Zeugnis ablegen.

Die beiden Protagonisten des Erinnerungsbuches, die Jung damals zusammenbrachte, waren von Herkunft und Lebensgeschichte sehr verschieden. Der 26-Jährige Großbürgersohn stand in einer Traditionslinie, die ihm eine klare und sichere Karriere wies. Freud hingegen hatte in seinem keineswegs privilegierten 51-jährigen Leben erst zuletzt eine gewisse öffentliche Anerkennung erworben. Er rang noch um die Fundierung und Verbreitung seiner Wissenschaft und konnte seines Erfolgs keineswegs sicher sein. Freilich hatte Freud 1907 auch schon wesentliche Bestätigungen erlangt. Wichtige theoretische Arbeiten waren publiziert, die Psychoanalyse stand wissenschaftlich auf immer festeren Fundamenten, die Mittwochgesellschaft hatte sich etabliert und er selbst war Professor geworden und fand nach und nach internationale Beachtung.

Während Jung und Freud nach dieser Begegnung rege korrespondierten und sich relativ rasch annäherten, entwickelte sich das Verhältnis zu Binswanger langsamer, aber in störungsfreier Stetigkeit.

Binswanger schildert das erste Zusammentreffen ausführlich, sichtlich in voller Präsenz der Eindrücke, die es ihm hinterlassen hat. Wie in vielen anderen Begegnungen mit gleichgesinnten Kollegen fragte Freud seine Besucher nach ihren Träumen und seine Interpretationen scheinen die späteren Beziehungen zu seinen beiden Gästen vorwegzunehmen. Jungs Traum habe er als Wunsch ihn vom Thron zu stürzen gedeutet, während er bei Binswanger den Wunsch Freuds älteste Tochter zu heiraten und zugleich Bedenken dagegen

[1] Sigmund Freud – C. G. Jung Briefwechsel, hg. v. W. McGuire und W. Sauerländer. Frankfurt am Main (Fischer Verlag) 25. Brief vom 26. II. 1907.

fand. Man könnte dann auch spekulieren, es ginge um den Wunsch, in die (psychoanalytische) Familie Freuds aufgenommen zu werden und um schon damals bestehende Vorbehalte. So gesehen könnte diese erste persönliche Begegnung auch als initiale Phantasie über die Beziehungsverhältnisse betrachtet werden, in der die Träume und ihre Deutungen die Vielfalt an Wünschen und Ängsten der Beteiligten verdichteten.

Offenbar gab es schon bei der ersten Begegnung eine ungewöhnliche Sympathie und aufrichtiges Interesse zwischen Freud und Binswanger, wohl aber auch unterschiedliche Färbungen ihrer Zuneigung. Wenngleich sich beide durch eine gewisse patriarchale Ernsthaftigkeit auszeichneten, äußerte sich diese beim Jüngeren in tiefer Bewunderung, der der Ältere entsprechend väterlich-herzlich begegnete. Natürlich färbten auch Erwartungen und Idealisierungen diese beginnende Beziehung, die dann später, wie sich bald zeigen würde, enttäuscht wurden oder aufgegeben werden mussten, aber im Grunde blieb sie – ganz im Unterschied zu jener mit Jung – eine persönlich harmonische.

Binswanger gestaltet seine Erinnerungen entlang der Korrespondenz, die 1908 mit der Übermittlung seiner Doktorarbeit begann und die er Jahr für Jahr kurz referiert, durch Tagebuchnotizen und Kommentare ergänzt und bereichert. Dadurch entsteht eine quellenmäßig interessante Chronologie, die zugleich informativ und persönlich ist. Er betont, seine Darstellungen sollten «Freud in erster Linie als Mensch zeigen, nicht nur als Forscher.» (202) Dies hindert freilich nicht, dass wesentliche politische und theoretische Konflikte um die Psychoanalyse aus dieser spezifischen Perspektive sichtbar werden. Im Unterschied etwa zur Korrespondenz mit seinem anderen großen Lehrer, Eugen Bleuler, die stark von fachlichen Fragen und klinischem Austausch über Patienten geprägt blieb, war der Briefwechsel mit Freud bald von sehr viel vertrauterer und emotionalerer Art. Die Aufzeichnungen Binswangers vermitteln den Wandel von einem interessierten Arbeitskontakt zu einer dauerhaften Freundschaft, die dann auch inhaltlich-wissenschaftlich getrennte Entwicklungen zu überstehen vermochte.

Von der Reise nach Wien, die Binswanger mit seiner Frau Anfang 1910 unternahm, berichtet er ausführlich über seine Beobachtungen bei Sitzungen der inzwischen als Verein institutionalisierten Wiener Psychoanalytischen Vereinigung, an denen er teilgenommen hatte. Er schildert Eindrücke von einzelnen Mitgliedern, von ihrem «Mangel an psychiatrischer Schulung» (15). Neben Freuds herzlicher Zuwendung, genoss er dessen psychologisches Verständnis, aber registrierte auch schon mit Verwunderung dessen «echt philosophische Ader» (16) angesichts seines geringen philosophischen Interesses. Letzteres sollte eine unüberbrückte Differenz zwischen den beiden bleiben, die sich schließlich in Binswangers eigenständiger theoretischer Entwicklung nachhaltig niederschlug.

Der völlig unerwartete Tod Robert Binswangers am 6. Dezember 1910 brachte den noch nicht 30-jährigen Sohn quasi über Nacht in die Position des Klinikleiters. Obgleich in Kreuzlingen aufgewachsen und mit dem besonderen Klinikalltag und allen Gegebenheiten vertraut und mit einer vorzüglichen Ausbildung ausgestattet war dies für Ludwig Binswanger doch eine übergroße Aufgabe, die ihm zunächst nicht von allen zugetraut wurde[1], der er sich aber binnen kurzem bestens gewachsen zeigte.

Als Binswanger im Frühjahr 1912 lebensbedrohlich erkrankte, entschloss Freud sich spontan, ihn zu Pfingsten zu besuchen. Dieser Besuch war ein ungewöhnliches Zeugnis der inzwischen gefestigten Freundschaft und wurde von Binswanger auch dankbar als solches verstanden. Im Verhältnis zu Jung aber, der Freud quasi vorwarf, ihn demonstrativ zu missachten, weil er ihn nicht auch besuchte, bedeutete er einen Schritt der Entfremdung. Er fand als «Geste von Kreuzlingen» und großer Vorwurf Jungs (62ff) in die Psychoanalysegeschichte Eingang, obgleich Jung später zugab, selbst gar nicht erreichbar gewesen zu sein. Tatsächlich handelte es sich offenbar mehr um ein Symptom eines latenten tieferen Konflikts, der sich wenig später auch an einem weiteren Schweizer Freund Sigmund Freuds, dem Züricher Psychologen und Pas-

[1] Siehe: Susanne Apel-Riel, 96.

tor Oskar Pfister, der auch psychoanalytisch arbeitete entlud und über die Frage der Laienanalyse verhandelt wurde (59).

In einem Brief an Sándor Ferenczi berichtete Freud über seinen Besuch bei Binswanger in der Schweiz unter anderem: «Wir sprachen auch von Jung, und er teilte mit, daß er, obwohl ihm als Schüler nahe stehend, nie etwas von seiner persönlichen Zuneigung erwartet. Er sei kein Führer der Menschen, ziehe die Männer stark an und stoße sie dann durch seine Kühle und Mangel an Rücksicht ab. Aber er sei auch nicht zu ersetzen.»[1]

Binswanger war unweigerlich in die immer konflikthafteren Verhältnisse zwischen Freud, Jung und Bleuler hineingezogen. In seiner ständigen Sorge, die Psychoanalyse könnte als «jüdische Wissenschaft» diskreditiert bleiben, hatte Freud auf Jung, den etablierten nichtjüdischen Psychiater gesetzt und es fiel ihm nicht leicht seine Hoffnungen aufzugeben. Schließlich aber musste er feststellen: «Semiten und Arier (oder Antisemiten), die ich im Dienste der Psychoanalyse zur Verschmelzung bringen wollte, sondern sich wieder von einander wie Öl und Wasser.»[2] Jung brachte die erhoffte psychoanalytische Psychosentheorie nicht zustande und hat sich, genau betrachtet, auch die Freudsche Theorie nie ganz zu eigen gemacht. Zuletzt war er auch als Präsident der Internationalen Psychoanalytischen Vereinigung (IPV) nicht zu halten und trennte sich dann bald ganz von der Psychoanalyse.

Die Institutionalisierung der Psychoanalyse war von Problemen und persönlichen Spannungen gekennzeichnet und beförderte schließlich auch eine Entfremdung von Eugen Bleuler. Dieser war zunächst Vorsitzender der «Gesellschaft für Freudsche Forschung» an der Züricher Klinik, aber trotz großer Sympathien für die Psychoanalyse hielt er sich deren offiziellen Organisationen gegenüber stets distanziert. 1910 wurde daher Binswanger Präsident des neu gegründeten psychoanalytischen Zweigvereins in Zürich, doch Bleuler akzep-

[1] Brief vom 30.5.12. In: Sigmund Freud Sándor Ferenczi Briefwechsel, Band I/2 1912–1914. Hg. v. Eva Brabant, Ernst Falzeder, Patricia Giamperi-Deutsch. Wien/Köln/Weimar (Böhlau Verlag) 1993, 90.

[2] Brief vom 29.7.12. Freud – Binswanger Briefwechsel, 107

tierte dessen Einladung zur Mitgliedschaft und nahm auch an den Sitzungen teil. Als Bleuler allerdings 1914 erfolgreich den Austritt der Züricher aus der IPV betrieb, stimmte Binswanger erfolglos dagegen und bat dann um Aufnahme in die Wiener Gruppe (70). 1919 wurde eine neue Schweizer Gruppe gegründet und dieser trat er wider bei und blieb auch bis zuletzt deren Mitglied. Zu Freuds großer Enttäuschung übernahm er aber nicht die Leitung und engagierte sich zu dessen Leidwesen auch sonst nicht in den Organisationen der Psychoanalyse (82). 1923 schrieb er ihm: «ich würde mich noch mehr freuen, wenn Sie Ihre führende Stellung in der Schweiz behalten hätten oder Ihre Anstalt viel ausschließlicher in den Dienst der Analyse stellen könnten. Aber unsere Beziehungen beruhen ja auf festen Motiven anderer Art und sind von solchen Einwendungen unabhängig.»[1] Zu diesem letzten Satz meinte Binswanger später, er sei für ihn einer der Kernsätze ihrer Freundschaft geblieben (85), aber er musste auch seine für Freud unerfreulichen Entscheidungen als «ebenso schmerzlich wie unabwendbar» (86) bestätigen und noch 1934 sprach er mit Anna Freud über «die mir so schmerzliche Divergenz zwischen meiner Liebe zu ihrem Vater und der Unmöglichkeit, auf einem administrativen Posten ‚propagandistisch' für sein Werk zu wirken» (105).

Binswangers Verhältnis zur Psychoanalyse war kein einfaches. Wiewohl er Freud bewunderte, von seinen bahnbrechenden Erkenntnissen überzeugt war und die klinische psychoanalytische Methode anwendete, fand er die wissenschaftstheoretische Fundierung der Freudschen Theorie in mancher Hinsicht unbefriedigend, was zum Projekt eines Grundlagenwerks führte. Dieses Projekt durchzieht den Briefwechsel mit Freud bis zuletzt.

In erster Linie und leidenschaftlich Psychiater, ging es ihm darum, die Fundamente seiner ärztlichen Tätigkeit zu erarbeiten, woraus immer mehr eine erkenntnistheoretische Forschung wurde, die zuletzt auch die psychoanalytische Theorie in Frage stellte. «Das», betont er, «hat mich zwar nie von der

[1] Brief vom 24. XI. 23. Freud – Binswanger Briefwechsel, 191.

praktischen Betätigung der Psychoanalyse abgehalten, wohl aber mit der Zeit, wie sich zeigen wird, ‚theoretisch' über sie hinausgeführt. Daß die Freundschaft mit Freud daran nicht zerbrach, ja, wie sich ebenfalls zeigen wird, überhaupt nicht davon berührt wurde, ist, wie diese Freundschaft selbst, eines der größten Geschenke meines Lebens.» (67f)

Die unterschiedlichen Forschungswege und divergierenden Auffassungen wurden durch ein starkes Band herzlicher Gefühle für einander aufgewogen. Die inhaltlichen Differenzen rissen keine Gräben auf und waren doch tiefgreifend. Freud setzte Hoffnungen in Binswangers Arbeiten, aber eigentlich zeigte schon dessen Referat am Haager Kongress über «Psychoanalyse und klinische Psychologie» seinen besonderen und eigenwilligen Zugang. Nach zehnjähriger Arbeit publizierte er 1922 einen ersten Band seines geplanten Grundlagenwerks. Während dieser erste Teil «allgemein-psychologische Fragen, wie die Definition des psychischen, die psychologischen Grundbegriffe, die verschiedenen wissenschaftlichen Behandlungsarten des Psychischen» (76) umfassen sollte, sei eine Würdigung der Psychoanalyse erst für den zweiten Teil geplant, ließ er Freud wissen. Nach der Lektüre des zugesandten ersten Kapitels, das Freud sehr lehrreich und verdienstvoll nannte, fragte er sichtlich alarmiert: «Wie werden Sie ohne das Unbewußte auskommen? Hat Sie am Ende der philosophische Teufel in den Krallen?»[1]

Sein jahrelanges Bemühen, psychische Erkrankungen und überhaupt psychische Zustände zu ergründen, führte ihn immer mehr zur damals durch Edmund Husserls Phänomenologie aufgewerteten Philosophie, mit dem Ziel, wissenschaftliches Arbeiten durch deskriptive Evidenz auf der Basis unmittelbaren Bewusstseinserlebens zu begründen. Es wurde ein langer Prozess an dessen Ende Binswanger eine unabhängige theoretische Sichtweise und eine eigenständige therapeutische Methode, die «Daseinsanalyse», formulieren sollte.

Der erwähnte zweite Band, der Binswanger über Jahrzehnte beschäftigte und auch viele Male in den Briefen Erwäh-

[1] Brief vom 20.8.17. Freud – Binswanger Briefwechsel, 155f.

nung findet, ist nie erschienen. Die Arbeit daran beschreibt er als beständiges «Ringen mit der Geisteswelt Freuds» (86), von welcher er sich doch kontinuierlich entfernte. Im 1926 in der psychoanalytischen Zeitschrift ‚Imago' erschienenen Artikel «Erfahren, Verstehen, Deuten in der Psychoanalyse»[1] ist diese Entwicklung schon spürbar, obzwar er hier die Freudsche Methode wegen ihrer Erfahrungsfundierung ausdrücklich verteidigt; Freud habe damit den Verstehenshorizont der Psychiatrie erheblich erweitert. Binswanger weist freilich ausdrücklich darauf hin, «daß wir alles ausgeschlossen haben, was sich auf das naturwissenschaftliche, also dynamische, psychologisch-genetische, physiologische, biologische und entwicklungsgeschichtliche *Erklären* in seinem Lebenswerk bezieht,» um unter eben dieser Bedingung Bewunderung auszudrücken für «den Mut, der so Großes gewollt, den Geist, der es gedacht, die Kraft des Willens, die es ausgeführt.»[2] Seine Bewunderung galt dem Menschen Sigmund Freud, der von ihm entwickelten psychologischen Forschungsmetode, aber nicht (mehr) seiner Theorie oder deren epistemologischer Grundlegung. Er akzeptierte die – durchaus unzulängliche – materialistische Fundierung der Psychoanalyse nicht und kritisierte Freuds «Naturalismus». Letztlich brachte seine aufrichtige und unbeirrbare Analyse der erkenntnistheoretischen Basis psychoanalytischer Theorie die Kernpunkte der Differenzen deutlich zutage und führte ihn schließlich dazu, Freuds Wissenschaft vom Unbewussten dann in einer der Phänomenologie verpflichteten Weise umzuarbeiten, wobei, wie er selbst meinte, das Unbewusste deutlich an Bedeutung verlor (87). Er publizierte zunehmend über psychologische Phänomenologie und wurde auch immer stärker von den Arbeiten Martin Heideggers beeinflusst, dessen Werk dann für die Formulierung der «Daseinsanalyse» essenziell war, auch wenn Binswanger dessen Denksystem keineswegs in toto übernahm.

[1] Ludwig Binswanger (1926): Erfahren, Verstehen, Deuten in der Psychoanalyse. In: Ludwig Binswanger Ausgewählte Werke, Bd. 3 Vorträge und Aufsätze. Hrsg. und bearbeitet v. Max Herzog, Heidelberg (Roland Asanger Verlag) 1994, 3–16.

[2] Binswanger, 1926, 16.

Retrospektiv fasste Binswanger seine lange Auseinandersetzung in einer Arbeit aus Anlass des hundertsten Geburtstags Sigmund Freuds als «Mein Weg zu Freud»[1] zusammen, wobei er trotz aller evidenter Unterschiede auch damals, 1956, diesen Weg keineswegs als abgeschlossen erachtete. Seine Beschäftigung mit der Psychoanalyse beschrieb er als eine in Etappen vollzogene: Zunächst lernende Auseinandersetzung mit Freuds Schriften und in persönlichen Gesprächen, dann Erprobung an lebendigen Menschen, welche Erfahrung ihn zur Überzeugung von der Richtigkeit der Erkenntnisse Freuds führte. Hier habe er aber nicht wie viele andere stehenbleiben und sie einfach technisch anwenden können. Die dritte Etappe war ein langer Entwicklungsprozess seines Denkens. Es wurde ein Weg, der ihn von Freuds Denken wegführte, ihn aber zugleich an der Wichtigkeit der Psychoanalyse und natürlich an Sigmund Freud festhalten ließ.

Die vertrauensvolle menschliche Nähe der beiden trug die Beziehung und wurde in Zeiten persönlichen Unglücks besonders offenbar. Sie erwies sich erstmals an Freuds Reise nach Kreuzlingen, an die Binswanger mit Dankbarkeit dachte, als er dem schwerkranken Freund 1926 vom plötzlichen Tod seines achtjährigen Sohns schreiben musste. Er rief damit bei Freud den Tod seiner Tochter Sophie 1920 und wach, und veranlasste ihn zu einer der intimsten Mitteilungen, die wir von ihm kennen. Über den unerwarteten Tod von Sophies jüngstem Sohn 1923 gestand er, dieser sei ihm «für alle Kinder und anderen Enkel» gestanden, «und seither, seit Heineles Tod mag ich die Enkel nicht mehr, aber freue mich auch nicht am Leben. Es ist auch das Geheimnis der Indifferenz – Tapferkeit hat man es genannt – bei meiner eigenen Lebensgefahr.»[2]

Auch als Binswanger nur drei Jahre später noch seinen ältesten Sohn verlor, teilten die beiden das Wissen um ihre Untröstlichkeit, von der Freud meinte, sie sei «recht so. Es ist die

[1] Ludwig Binswanger (1957b): Mein Weg zu Freud. In: Ders. Ausgewählte Werke, Bd. 3. Vorträge und Aufsätze. Herausgegeben und bearbeitet von Max herzog. Heidelberg (Roland Asanger Verlag) 1994, 17–33.

[2] Brief vom 15. X. 26. Freud – Binswanger Briefwechsel, 208.

einzige Art, die Liebe fortzusetzen, die man ja nicht aufgeben will.»[1]

Für Binswanger gehörte Freuds «Freundschaft zum wertvollsten Besitz meines Lebens.» (110) und der achtzigjährige Freud brachte das tiefe Vertrauen, das sie verband auf einen ebenso einfachen wie gewichtigen Punkt: «Wir haben einander durch ein Vierteljahrhundert die Treue gehalten wie selbstverständlich und wenig Aufhebens davon gemacht.» (108)

Eine Woche nach dem «Anschluss» Österreichs an Nazi-Deutschland lud Binswanger, der sich über die Verhältnisse keine Illusionen machte, Freud zu einer «Luftveränderung» in die Schweiz und war dann «sehr erlöst»[2] als er ihn schließlich sicher in England wusste.

Eveline List,

Professorin für Kulturgeschichte am Institut für Geschichte der Universität Wien und Psychoanalytikerin in eigener Praxis.

[1] Brief vom 11.4.1929. Freud – Binswanger Briefwechsel, 222.
[2] Brief vom 5. Juli 1938. Freud – Binswanger Briefwechsel, 239.

Vorwort

Meine Erinnerungen an Sigmund Freud sind die Erinnerungen an unsere Freundschaft und deren Geschichte. Sie sind daher in viel geringerem Maße als viele andere Erinnerungen von wissenschaftlichem Interesse, werfen dafür aber ein um so helleres Licht auf die immer noch vielfach verkannte *Persönlichkeit* Freuds. Meine Erinnerungen umfassen die Zeit von unserer ersten Begegnung in Wien im Februar 1907 bis zu Freuds letztem Brief aus England vom Juli 1938. Persönlich sind wir uns außer an den offiziellen internationalen psychoanalytischen Kongressen in Nürnberg, Weimar, München und Den Haag fünfmal in Wien, einmal in Kreuzlingen und einmal auf dem Semmering begegnet. Das Hauptdokument unserer Freundschaft aber ist unsere briefliche Korrespondenz.

Ich bedauere sehr, daß diese Erinnerungen nicht früher ans Licht traten, insbesondere deshalb, weil sie in den beiden ersten Bänden der hervorragenden Biographie Freuds von Ernest Jones nicht mehr berücksichtigt werden konnten. Was mich so lange zurückhielt, war der Ausspruch Freuds in einem Briefe vom Jahre 1936: «Wir haben uns über ein Vierteljahrhundert die Treue gehalten wie selbstverständlich und wenig Aufhebens davon gemacht.»

Wenn ich meine Bedenken schließlich überwand und also doch «Aufhebens» von unserer Freundschaft mache, so geschah es auf Grund des Appells meiner Freunde an meine historische Pflicht und der Ermutigung durch Anna Freud. – Die gesamten Briefe Freuds an mich sind in Photokopie in den «Sigmund Freud Archives» deponiert.

Kreuzlingen,
im Oktober 1955 Ludwig Binswanger

Meine drei ersten Besuche bei Freud in Wien (1907–1913)

Im Frühjahr 1906 hatte ich mein medizinisches Staatsexamen beendigt und war im Juni desselben Jahres als Volontärarzt ins «Burghölzli» in Zürich eingetreten. Eugen Bleuler hatte schon in den klinischen Semestern meine Bewunderung für seine Persönlichkeit erregt und meine «ererbte» Liebe zur Psychiatrie aufs höchste entfaltet. Er war schon damals mit den Vorarbeiten zu seinem die Lehre von der Dementia praecox umwälzenden Buch *Die Gruppe der Schizophrenien* beschäftigt. Ich sehe ihn noch vor mir, bei jeder Gelegenheit auf kleine Zettel, die er aus der Westentasche zog, Notizen schreibend. Karl Abraham, mein Vorgänger auf der Männerabteilung, war persönlich eher zurückhaltend, wirkte aber durch seine hohe Intelligenz und sein feines, oft etwas ironisches Wesen ebenfalls auf den jüngeren Kollegen. Einer meiner Mitassistenten war H. W. Maier, mit dem ich schon von der Schule her befreundet war. Als ein wahrer Feuergeist, der seine Schüler durch sein Temperament und die Fülle seiner Ideen dauernd in Atem hielt, erwies sich aber C. G. Jung, der damalige Oberarzt der Klinik, bei dem ich meine Doktorarbeit machen wollte. Er hatte schon 1906 gemeinsam mit Riklin den ersten Band seiner *Diagnostischen Assoziationsstudien* veröffentlicht und eine epochemachende Schrift über die Psychologie der Dementia praecox vollendet. Als Thema für meine Doktorarbeit hatte er mir «Das psychogalvanische Reflexphänomen im Assoziationsexperiment» vorgeschlagen, das mich immer mehr und mehr fesselte und in besonders nahen Kontakt mit Jung selbst brachte. Unterstützte er mich doch nicht nur unentwegt mit seinem Rat und seinem Wissen, sondern auch durch seine Mitarbeit als Versuchsperson. Wenn ich das Jahr im «Burghölzli» als das weitaus beschwingteste meiner psychiatrischen Lehrjahre bezeichnen muß, so vor allem aber auch deswegen, weil das «Burghölzli» schon damals (1906) mitten in der geistigen Bewegung stand, ja von ihr getragen wurde, die von Wien ausging, den Titel Psychoanalyse trug, und deren Ursprung auf einen einzigen Namen zurückging, auf den Namen Sigmund Freud. Es bedarf daher keiner großen Phantasie, um zu verstehen, wie freudig und dankbar ich die Frage bejahte, mit der mich Jung eines Tages überraschte, ob ich ihn und seine Gattin auf seiner (ersten) Reise zu Freud nach Wien begleiten wolle. Diese Reise fand Ende Februar 1907 statt[1]. Wenn ich mich recht erinnere, blieben Herr und Frau Professor Jung etwa eine kurze Woche in Wien; ich selbst konnte zu meiner großen Freude noch etwa eine weitere Woche bleiben.

Am Tage nach unserer Ankunft frug Freud Jung und mich nach unseren Träumen. An Jungs Traum erinnere ich mich nicht mehr, wohl aber an die Deutung, die Freud ihm gab. Sie ging dahin, daß Jung ihn entthronen und an seine Stelle treten wolle. Ich selbst träumte von dem damals gerade im Umbau begriffenen Entrée des Hauses Bergstraße 19 und dem wegen des Umbaus notdürftig verhängten alten Kronleuchter. Freuds, mich zwar nicht gerade überzeugende Deutung – an die er sich noch dreißig Jahre später, bei unserm

[1] Merkwürdigerweise (oder soll man sagen bezeichnenderweise?) erwähnt Freud diesen Besuch weder in der Geschichte der psychoanalytischen Bewegung, noch auch in seiner Selbstdarstellung. In ersterer berichtet er nur von dem Besuch des ersten Kollegen aus Zürich, des feinsinnigen und vornehmen, Freud zeitlebens eng verbundenen damaligen Studenten Max Eitingon, im Januar 1907, dem zwar bald andere Besuche gefolgt seien, «die einen lebhaften Gedankenaustausch anbahnten». Jedoch verlegt er die erste Zusammenkunft mit Jung ausdrücklich auf das Frühjahr 1908 in Salzburg *(Ges. Schriften,* Internat. psychoanalyt. Verlag, IV, 432). Auch in der Selbstdarstellung ist nur die Rede von der Anknüpfung persönlicher Beziehungen mit den Psychiatern in Zürich und einem Zusammentreffen «der Freunde der jungen Wissenschaft» zu Ostern 1908 in Salzburg *(Ges. Schriften,* XI, 161). – Hingegen ist unser Besuch erwähnt im II. Band (S. 36 f.) der noch unvollendeten Biographie Freuds von Ernest Jones (London, The Hogart Press, I. Bd. 1954, II. Bd. 1955, im Folgenden zitiert als Jones I und II). – (Der Autor der mir in Bd. II, S. 37, zugeschriebenen Arbeit aus dem Jahre 1906 ist übrigens Eugen Bleuler. – Ich war auch nicht der spätere Direktor der «Kreuzlinger Irrenanstalt» (of the Kreuzlingen Mental Hospital), sondern einer «Privatanstalt für Nerven- und Gemütskranke». Der letztere Umstand ist wichtig im Hinblick auf die Anforderungen, die Freud später in psychoanalytischer Hinsicht an diese Anstalt stellte.)

Besuch zu seinem achtzigsten Geburtstag, erinnerte – lautete, der Traum enthielte den Wunsch, seine (älteste) Tochter zu heiraten, zugleich aber dessen Ablehnung, denn er sage ja – ich erinnere mich der Deutung wörtlich –: «In ein Haus, in dem ein so schäbiger Kronleuchter ist, heirate ich nicht.»

Aus diesen Deutungen läßt sich leicht die ungezwungene, freundschaftliche Atmosphäre erkennen, die unsern Besuch vom ersten Tage an umgab. Freuds Abneigung gegen jede Förmlichkeit und Etikette, sein persönlicher Charme, seine Einfachheit, selbstverständliche Offenheit und Güte und nicht zuletzt sein Humor, ließen keinerlei Befangenheit aufkommen. Und doch konnte man sich keinen Augenblick dem Eindruck der Größe und Würde seiner Persönlichkeit entziehen. Für mich war es eine, wenn auch mit einiger Skepsis gemischte Freude, zu sehen, mit welchem Enthusiasmus und welchem Zutrauen Freud meinem Lehrer Jung entgegenkam, und in ihm sofort seinen wissenschaftlichen «Stammhalter» sah (vgl. auch unten S. 42). Ich durfte manchen Gesprächen zwischen Freud und Jung beiwohnen, Gesprächen, die sich natürlich durchwegs um psychoanalytische Probleme drehten. Auch in Freuds Familie wurden wir, und wurde ich auch noch nach der Abreise des Ehepaars Jung, aufs freundlichste aufgenommen. So erinnere ich mich noch eines Sonntagsspaziergangs mit der ganzen Familie auf den Cobenzl. Frau Professor Freud war die Liebenswürdigkeit und Güte in Person, sekundiert von ihrer Schwester, Fräulein Mina Bernays. Die Kinderschar hielt sich bei Tisch sehr ruhig, obwohl auch hier ein völlig ungezwungener Ton herrschte.

Die Wirkung, die von Freud ausging, war am stärksten während des abendlichen Zusammenseins in seinem Arbeits- und Behandlungszimmer. Freud stand damals im 51., ich selbst im 26. Lebensjahr. Was den um 25 Jahre Jüngeren beglückte, war nicht nur «die Zeit», die Freud ihm – wie übrigens vielen anderen – nach einem Tag voller Arbeit und Anstrengung in seinem stillen, halbdunklen, schon damals bedeutende Werke antiker und orientalischer Kunst enthaltenden Studierzimmer widmete, sondern vor allem die unermüdliche, eingehende und im höchsten Maße lehrreiche und fördernde Art und Weise, wie er die Fragen des Jüngeren beantwortete. Freud saß hinter seinem Schreibtisch, eine Zigarre rauchend, die Hände auf der Stuhllehne oder auf dem Tisch ruhen lassend, hie und da einen Kunstgegenstand ergreifend und betrachtend, den Gesprächspartner scharf und doch wohlwollend ins Auge fassend, nie seine Überlegenheit dokumentierend, weniger theoretisch belehrend als an kasuistische Beispiele anknüpfend. Im Ausdruck scharf und treffend, in den Gesten sparsam, im Mienenspiel natürlich und offen, die sehr modulationsfähige Stimme nie laut erhebend, so steht Freud mir heute noch im Gedächtnis. Seine Vortragsweise war getragen von der unbedingten, leidenschaftlichen Hingabe an die «Sache», an das wissenschaftliche Thema, seine Vorder- und Hintergründigkeit. Dabei mußte dem Gesprächspartner immer wieder die Tatsache vor Augen treten, daß das ganze psychoanalytische Lehrgebäude, die Lehre von den verschlungenen Pfaden des Traums, der Neurosen, der «Paranoia», der kindlichen Sexualität usw., in jahrelanger, einsamer und entbehrungsreicher Forschungs- und Denkarbeit gegen den Widerstand nicht nur einer «dumpfen», sondern einer höchst aggressiven, von einem fanatischen Vernichtungswillen beseelten wissenschaftlichen Welt errichtet worden war. Was Freuds wissenschaftlichen Leidensweg betrifft, so bemerkte er auch mir gegenüber einmal, wie schwer die zehnjährige völlige wissenschaftliche Isolierung und Anfeindung[1] auf ihm gelastet habe. Nur ein einziges Mal – ich nehme an, angesichts der in seinen Schriften wiederholt erwähnten Enttäuschung, ja Krise wegen der Unhaltbarkeit seiner Lehre vom infantilen sexuellen Trauma als der unentbehrlichen «Ursache» der Hysterie – sei er in seiner Arbeit als Forscher schwankend geworden, aber auch diese Krise habe er überwunden. Ich erinnere mich genau, was für einen tiefen Eindruck diese Äußerungen Freuds auf mich gemacht haben und was für eine zentrale Rolle sie in der Er-

[1] Vgl. *Selbstdarstellung* (XI, 160, 168) wo er diese Isolierung vom Jahre 1895/96 an (Trennung von Breuer) bis zum Jahre 1906/07 (Begegnung mit den Zürichern) datiert. Vgl. ferner IV, 411 und 425, sowie Jones I, 365.

fassung seines Wesens und Werdens für mich spielten. Denn was Dilthey vom Menschen überhaupt sagt, nämlich: «Was der Mensch ist, lehrt nur seine Geschichte», das gilt ja auch vom einzelnen Menschen und von dem Menschen Freud in besonders hohem Maße.

Wenn ich damals auch noch keine volle Kenntnis hatte von dem Ausmaß und den Formen, welche die Ablehnung Freuds und seiner Lehre angenommen hatten und immer wieder von neuem annahmen, so bekam ich doch einen mich sehr deprimierenden, überaus «sprechenden» Beweis dafür anläßlich meines damaligen Besuchs bei Breuer, an den ich Grüße von meinem Vater zu überbringen hatte. Ich erinnere mich genau zwar nicht einer wörtlichen Äußerung, aber der um so «sprechenderen» Mimik und Gebärde, mit der Breuer auf meine naive Frage, wie er seit den «Studien» zu Freud stünde, reagierte. Seine geradezu mitleidig-überlegene Miene sowohl wie seine im vollen Sinne des Wortes «wegwerfende» Handbewegung ließen nicht den geringsten Zweifel daran aufkommen, daß er überzeugt war, Freud sei derart auf wissenschaftliche Abwege geraten, daß man ihn nicht mehr ernst nehmen könne und daher besser nicht von ihm spräche.

Eine ganz andersartige betrübliche Erfahrung war die, daß Freud nach einer Sitzung mit seinen damaligen Anhängern in seinem Hause – es waren nicht mehr als sechs bis sieben – mich noch bei sich zurückhielt mit der Frage: «So, haben Sie jetzt diese Bande gesehen?» Dies war die zweite, mich tief betrübende Erfahrung bei meinem ersten Besuch, die Erfahrung nämlich, wie einsam Freud sich auch jetzt noch fühlte. Sie zeigte mir aber auch, wie scharf er in seinem Urteil sein konnte.

Mein zweiter Besuch bei Freud fand statt vom 15. bis 26. Februar 1910. Diesmal kam ich mit meiner Frau (ich hatte 1908 geheiratet), die von der ganzen Familie besonders liebenswürdig aufgenommen wurde. Seit diesem Besuch nahm auch sie an unserer Freundschaft teil. (Sie begleitete mich noch auf meiner Reise zu Freuds achtzigstem Geburtstag.) Von dem zweiten Besuch besitze ich gleich nach meiner Rückkehr verfaßte schriftliche Aufzeichnungen, die ich hier etwas gekürzt wiedergebe: «Schon am Tage meiner Ankunft nahm ich an Freuds Seminar teil, das damals wöchentlich einmal abends von sieben bis neun Uhr stattfand. Es zählte gegen dreißig Teilnehmer, Anfänger und Fortgeschrittene, darunter viele Nichtmediziner, keinen einzigen Schulpsychiater, meist junge Leute, abgesehen von der älteren Garde: Hitschmann, Federn, Sadger, Adler, Stekel, Rank etc. Freud verfuhr so, daß er einigen Teilnehmern ein Thema aufgab, über das sie in der nächsten Sitzung mündlich berichten mußten. Auf der Tagesordnung stand zunächst Shakespeares *Hamlet,* aus dem einige Szenen psychoanalytisch behandelt wurden und zwar ganz im Sinne der bekannten Anmerkung über Shakespeares *Hamlet* in der Traumdeutung von 1900, S. 183 f. Von einem zweiten Referenten wurde in wenig kritischer und sehr verworrener Art das Verhältnis Hamlets zu seinem Vater im genannten Sinne analysiert und besonders auf die aus der Traumdeutung bekannte Teilung einer Person in mehrere hingewiesen, so hier auf die Verteilung des «Vaterkomplexes» auf zwei Personen, auf den Stiefvater und auf Polonius. Ein jüngeres Mitglied verglich den Personenwechsel im Drama, wie er gerade bei Shakespeare so stark auftritt, mit dem Szenenwechsel im Traum. Freud selbst bemerkte, daß es sich bei dem heutigen Thema nur um ein mehr oder weniger Plausibelmachen, nicht um Auffindung feststehender Tatsachen handeln könne! Zugleich wies er auf den übenden Einfluß solcher Untersuchungen hin.

Sodann habe ich an einem der Mittwoch-Abende teilgenommen, die den Sitzungen unserer damaligen schweizerischen psychoanalytischen Vereinigung entsprachen. Etwa fünfzehn Mitglieder, fast lauter Ärzte und nur wenige Anfänger. Dauer von neun bis nach zwölf Uhr. Stekel hielt einen Vortrag über Zwangsvorstellungen. Er brachte anfangs einige Beispiele mit im ganzen einleuchtenden Deutungen. Hernach erging er sich in theoretischen Auseinandersetzungen über Zwangsvorgänge, die aber so wenig klar waren, daß ich mich nicht mehr an sie erinnern kann. Ich weiß nur noch, daß mir eine starke Sucht zur Verallgemeinerung auffiel und daß alles und jedes auf den Zweifel zurückgeführt wurde, wie in seinem Buche über Angsthysterie auf die Angst. Bezüglich des Zweifels glaubte er über Freud hinausgehen zu können. Während aus der letzten Arbeit von Freud hervorging, daß er den Zweifel in letzter Linie immer auf einen Zweifel zwischen Liebe und Haß zurückführt, was er sachlich und eingehend begründete, glaubte Stekel, daß man daneben noch andere Zweifel berücksichtigen müsse, so den Zweifel zwischen religiösem Glauben und Nichtglauben, und zwar immer im Sinne eines primären Zweifels, aus dem dann durch Verschiebung die Grübelsucht und alle inhaltlich uns so unverständlichen Zweifel der Zwangsneurose hervorgehen sollten. So wurde alles wieder verwischt, was Freud so mühsam herausgearbeitet hatte. An einer Begründung seiner Auffassung ließ es Stekel, soweit ich mich erinnere, fehlen. Wie unscharf er dachte, zeigte auch ein Passus, den ich bei meinem Votum über seinen Vortrag angeführt habe. Er sprach in einem Atem von dem Gegensatz zwischen Glauben und Unglauben, Intellekt und Affektivität, Bewußtem und Unbewußtem! Erwähnenswert ist jedoch die Behauptung Stekels, die er auch durch ein gutes Beispiel stützte, daß Zwangsimpulse immer auf ein elterliches Verbot oder Gebot zurückzuführen seien, natürlich unter Berücksichtigung der Verschiebung. Am Schlusse eines Vortrags hatte jeder Teilnehmer sein Votum zu dem Vortrag abzugeben. Die Reihenfolge wurde durch den Würfel bestimmt. Sadger, der bald zu Worte kam, anerkannte den kasuistischen Teil des Vortrags, verurteilte dagegen mit sehr scharfen Worten den theoretischen. Es entwickelte sich dann eine lange, ganz fruchtlose Diskussion über die Frage, ob bei der Zwangsneurose Zweifel oder Angst das Primäre sei. Mir fiel hierbei der Mangel an psychiatrischer Schulung bei den meisten Teilnehmern auf, und zwar schon hinsichtlich der Nomenklatur.

Der Glanzpunkt des Abends war die Kritik Freuds an Stekels Vortrag. Wenn auch in milderer Form vertrat er doch die Ansicht Sadgers. Er hielt Stekel das Gefährliche seiner Deduktionen vor und betonte, daß er kaum annehmen könne, daß seine (Freuds) Ausführungen über Zwangsneurose, die ein jahrelanges Vorstudium erfordert hätten, nach wenigen Wochen schon erweitert werden könnten. Freud hielt Stekel übrigens für den begabtesten «Aufspürer des Unbewußten», von dem wir alle lernen könnten, was er mir gegenüber öfters wiederholte. Von seiner theoretischen Begabung hielt er wie gesagt nicht viel. Auch in seinen Deutungen wies er Stekel einen Fehler nach, der durch willkürliche Umdeutung am *bewußten* Inhalt des Symptoms entstanden war (Verwechslung von Gashahn und Gasometer). Freud betonte auch hier, daß man neurotische Symptome nicht, wie bisher allein nach ihrer bewußten «Fassade» beurteilen dürfe, sondern in erster Linie nach dem unbewußten Hintergrund. Im obigen Beispiel hatte Stekel, wie wir sahen, den Inhalt des Symptoms, die bewußte Fassade, einfach geändert, indem er aus dem Gashahn einen Gasometer gemacht hatte. Natürlich konnte dann auch die Deutung nicht stimmen. Ich notierte mir einen sehr weisen und vielsagenden, aber leider wenig befolgten Ausspruch Freuds: *«Keiner von uns hat die Gewöhnung erworben, die Ich- und Bewußtseinsvorgänge mit denjenigen des Verdrängten und des Sexualtriebes zugleich zu denken!»* – In der Forderung dieses Zugleich zeigte sich mir zu meiner Überraschung, daß Freud eine echt philosophische Ader besaß, wenn auch ohne sich ihrer bewußt zu sein. Was er selbst philosophisch oder Philosophie nannte, bezog sich durchweg auf das, was der philosophische Laie darunter versteht, nämlich pure *Spekulation* über die «letzten Dinge».

Freud nahm dann Stellung zu den Behauptungen Stekels, jeder Zweifel sei ein Zweifel am Ich und jede Angst sei Todesangst. Er verwarf beide Behauptungen in ihrer Allgemeinheit und suchte wieder Ordnung zu bringen in das Gewirr Stekelscher Auseinandersetzungen über den Zweifel. Für Freud bezieht sich der eigentlich *pathologische*, der *zwangsartige* Zweifel stets auf die Realität, er ist immer ein *Realitätszweifel,* zum Beispiel wenn einer sich immer und immer wieder fragen muß, habe ich den Gashahn wirklich umgedreht? Dem Realitätszweifel stellt er gegenüber den Erwartungszweifel, zum Beispiel den Zweifel: «wie kann ich für die gekaufte Ware Geld aufbringen?» (Beispiel Stekels).

Das Votum Freuds war für mich deshalb so wertvoll, weil ich daraus ersah, wie kritisch er vorging und wie er mit wenig Worten Klarheit in das Dickicht zu bringen vermochte, überhaupt, wie er bestrebt war, unter seinen eigenen Anhängern Ordnung und wissenschaftliche Zucht aufrecht zu erhalten.

Im übrigen hatte ich von der Sitzung insofern einen guten Eindruck davongetragen, als ich sah, wie hart die Gegensätze hier aufeinander stießen und daß keiner ein Blatt vor den Mund nahm. Auch Freud wurde, bei aller Verehrung für ihn, oft genug widersprochen. Stekel verwahrte sich energisch gegen die verdammende Kritik Freuds, wies darauf hin, wie manches, das anfangs in jenem Kreise unter den Tisch geworfen worden war, später auch von Freud selbst anerkannt wurde. Am meisten wurde Stekel in Schutz genommen von Adler! –

Ich war dann noch einmal in dem Seminar bei Freud, wo er, da er vergessen hatte, Referate zu verteilen, selbst vortrug und zwar über den Gedankengang von Ranks Buch *Über den Mythus von der Geburt des Helden.* In meisterhafter, markanter Weise hob er das Wesentliche an der Sache, das wiederum den Kernkomplex auch der Neurose betrifft, hervor. Mit der Bemerkung: «Freud ist durchdrungen von der Notwendigkeit und dem Nutzen weiterer psychoanalytischer Mythenforschung» schließen meine Aufzeichnungen über diese Sitzung.

Von den mannigfachen Gesprächen, die ich mit Freud führen durfte, heben meine Aufzeichnungen noch einige heraus, davon erstens seine Anschauungen über das Unbewußte. Ich hatte in dem betreffenden Gespräch an einen Ausspruch von ihm in der Mittwochsitzung angeknüpft: «Das Unbewußte ist metapsychisch, wir setzen es einfach real!» Er sagte also, wir gehen so vor, als ob das Unbewußte etwas Reales wäre, wie das Bewußte. Über die Natur des Unbewußten sagt Freud als echter Naturforscher nichts aus, eben weil wir nichts Sicheres davon wissen, es vielmehr nur aus dem Bewußten erschließen. Er meinte, wie Kant hinter der Erscheinung das Ding an sich postuliere, so habe er hinter dem Bewußten, das unserer Erfahrung zugänglich ist, das Unbewußte postuliert, das aber nie Objekt direkter Erfahrung sein könne[1]. Ein andermal nannte er das Unbewußte eine niedrigere psychische Organisation als das Bewußte, ja er sieht, wie Lipps, das Psychische kat'exochen im Unbewußten.

Es war mir interessant zu sehen, ein wie geringes philosophisches Bedürfnis Freud besaß. «Er ist und bleibt», so notierte ich mir damals, «der gewissenhafte Naturforscher, der nicht mehr sagt, als ihm die Erfahrung gibt.» Das wiederum bestätigt zu finden, war der größte Eindruck meiner zweiten Wiener Reise. «Selbstverständlich», so fügte ich damals hinzu, «geht es wie in der Physik und Chemie auch hier nicht ohne bestimmte ‚Vorurteile', Voraussetzungen und mehr oder weniger spekulative Hypothesen, ab, ich erinnere nur an die Annahme, daß im Seelenleben alles so genau determiniert sei wie in der Natur.»

Irreführend schien mir der Ausdruck: das Unbewußte ist *metapsychisch,* zumal es das Psychische kat' exochen sein soll. Freud stimmte bei und es wurde rasch klar, daß statt *metapsychisch metabewußt* gesagt werden müßte. Ich hielt den Ausdruck metapsychisch für unnötig.

Interessant waren mir Freuds Ausführungen über *Fetischismus,* den er jetzt ebenso psychoanalytisch behandelte wie die Neurosen. Dies war mir um so wichtiger, als ich seine Angaben in der dritten Abhandlung zur Sexualtheorie, der Fetischismus nehme eine Sonderstellung ein gegenüber den Neurosen, nie recht glauben konnte. Er gab mir einige instruktive Beispiele und betonte besonders den großen Einfluß der Riechlust bei der Genese des Fetischismus. Den Kleiderfetischismus führte er unter anderem auch auf den Schautrieb zurück, sowie auf die Lust beim Betrachten des *nackten* Körpers. Infolge der Verdrängung solle dann gerade auf das Verhüllende, nämlich die Kleidung, Wert gelegt werden.

Ich füge hier gleich den Bericht über meinen *dritten Be-*

[1] Siehe zu diesem philosophisch völlig unhaltbaren Vergleich auch Häberlin unten S. 19.

such bei Freud in Wien an, den letzten vor dem ersten Weltkrieg. (Zwischen meinen zweiten und diesen dritten Besuch in Wien fällt ein Besuch Freuds bei mir in Kreuzlingen während der Pfingsttage 1912, von dem ich aber erst im Zusammenhang mit unserer brieflichen Korrespondenz berichten kann.) Diesen dritten Besuch in Wien machte ich in Begleitung meines Freundes Paul Häberlin. Er erfolgte im April 1913 und dauerte einige Tage, auf Freuds Wunsch gruppiert um einen Sonntag. In unserer Korrespondenz finde ich nur einen Brief Freuds *vor* dem Besuch, in dem er seiner Freude über das Eintreffen des «sympathischen Ensembles» Ausdruck gibt, hinzufügend: «Man soll sich von Zeit zu Zeit sehen. Briefverkehr ist kein Ersatz. Die Revanche für meinen Pfingstbesuch – – ist eine schöne Idee von Ihnen» (27. März 1913). An diesen Besuch habe ich nur wenig Erinnerungen. Hingegen hat Paul Häberlin mir *seine* Erinnerungen zur Verfügung gestellt, wofür ich ihm sehr dankbar bin. Er schreibt, vom wesentlichen Inhalt seiner Gespräche mit Freud wisse auch er nur dreierlei:

«1. Ich habe gegen Freuds Ableitung des Gewissensphänomens («Zensur») aus dem Trieb opponiert, mit dem Argument, daß eine Instanz, welche dem Triebanspruch als *solchem* keine bestimmende Autorität zuerkenne, doch nicht ihrerseits Triebcharakter haben könne. – Freud blieb aber bei seiner Ansicht, die er später im ‚Narzismus' zu begründen suchte.» (In dieser Opposition stand ich ganz auf Seiten Häberlins.)

«2. Freud fragte mich, ob nicht Kant's ‚Ding an sich' dasselbe sei wie das, was er (Freud) unter dem ‚Unbewußten' verstehe. Ich habe dies lachend verneint und angedeutet, daß die Dinge auf ganz verschiedenen Ebenen liegen.» (Auch hier stehe ich, wie bereits erwähnt, auf Seiten des Opponenten.)

«3. Freud äußerte – jedoch, wie mir schien, nicht mit *vollem* Ernst – Philosophie sei eine der anständigsten Formen der Sublimierung verdrängter Sexualität, nichts weiter. Darauf stellte ich die Gegenfrage, was dann Wissenschaft, und im besonderen die psychoanalytische Psychologie, sei. Worauf er, sichtlich etwas überrascht, ausbiegend antwortete: Psychologie hat wenigstens einen sozialen Nutzen. Es könnte vielleicht

4. dazu meine Frage erwähnt werden, wie es komme, daß gerade seine ältesten und vielleicht begabtesten Schüler, zum Beispiel Jung und Adler, von ihm abgesprungen seien. Worauf er sagte: ‚Sie wollten eben auch einmal Papst werden!' Endlich

5. fragte ich, warum unter den Psychoanalytikern so manche etwas abenteuerliche Figur machten. Er antwortete: ‚Ich habe mir immer gedacht, daß auf meine Lehre sich zunächst Schweine und Spekulanten werfen würden.'

Als wir von Freud Abschied nahmen, sagte er zu mir: ‚Gehen Sie mit mir soweit Sie können, und im übrigen wollen wir gute Freunde bleiben.'»

Aus Freuds Briefen bis zum ersten Weltkrieg Sein Besuch in Kreuzlingen Pfingsten 1912

Ich besitze 101 Schriftstücke von Freuds Hand, davon zehn Mitteilungen auf Visitenkarten, acht Postkarten und 83 Briefe, und zwar aus der Zeit vom April 1908 bis Juli 1938[1].

Trotz des Interesses, das jedes von Freud geschriebene Wort für seine Biographie besitzt, würde es viel zu weit führen, wollten wir alle seine Briefe in toto wiedergeben. Wir erwähnen nur, was uns darin in allgemein-menschlicher oder wissenschaftlicher Hinsicht für ihn charakteristisch zu sein scheint.

Das erste Dokument meiner Sammlung ist die vom 1. April 1908 datierte Empfangsanzeige meiner bereits erwähnten Doktorarbeit über das Verhalten des psychogalvanischen Reflexphänomens beim Assoziationsexperiment: «Herzlichen Dank für den ersten Streich und in Erwartung des zweiten.» Daß Freud die Arbeit genau gelesen hatte, ersah ich aus seiner späteren mündlichen Äußerung, er habe die Analyse meiner Assoziation bös-Öl[2] in die Psychopathologie des Alltagslebens aufnehmen wollen, sei dann jedoch davon abgestanden, da sie «zu kompliziert» sei.

Das zweite erhaltene Dokument ist ein Brief vom 5. Januar 1909. Da er von meiner Hand die Zahl 6 trägt, müssen ihm noch Briefe und Karten aus den Jahren 1907–08 vorausgegangen sein. Zu meinem größten Bedauern fehlen sie aber in meiner Sammlung.

Der erste der erhaltenen Briefe enthält die Anfrage, ob es möglich sei, Kinder von etwa acht Jahren, «die einer Behandlung in unserem Sinne bedürfen», in unserer Anstalt aufzunehmen, das heißt, ob wir Pflegerinnen hätten, die ich darauf «abzurichten» mich getraute; «denn der Arzt selbst hätte es mit solchen Behandlungen nicht leicht». Er dächte

[1] Alle Mitteilungen, Briefstellen und Briefe Freuds werden im Folgenden wörtlich und ohne Änderung der Orthographie (z. B. wol, Vertheilung usw.) und der Interpunktion wiedergegeben.

[2] Vgl. *Journal f. Psych. u. Neur.*, Bd. X (1907), S. 73 f.

zum Beispiel an die junge Dame, die nach der Heilung durch meine Behandlung Pflegerin geworden sei und bei der ja ein besonderes Interesse für diese Therapie vorauszusetzen wäre. Die im ersten Halbband des Jahrbuches erscheinende Analyse eines fünfjährigen Knaben werde mich auf die Bedeutung solcher Kinderbehandlungen aufmerksam machen. – Bald nachher erhielt ich noch eine zweite Anfrage dieser Art, jedoch kam es in beiden Fällen nicht zur Aufnahme. Die erwähnte junge Dame ist die Patientin Irma aus meinem «Versuch einer Hysterieanalyse» im ersten und zweiten Halbband des Bleuler-Freudschen Jahrbuches von 1909. Diese Anfängerarbeit, der Freud einen fast zu großen Platz in dem Jahrbuch eingeräumt hat – wir werden bald[1] einen der Gründe dafür erfahren –, wird uns noch eingehend beschäftigen.

Noch im gleichen Monat gratuliert er mir zur Geburt meines ersten Sohnes mit den Worten: «Sie sind ein junger Vater, das ist etwas sehr Schönes.» Aus einer Anzeige nächster Tage werde ich übrigens ersehen, daß auch bei ihnen etwas vorgehe. Ich finde diese Anzeige nicht mehr vor, glaube aber, daß es sich um die Geburt von Anna Freud handelt, die bei meinem Besuch mit Paul Häberlin im Jahre 1913 also vier Jahre alt war. Ich erwähne dies, weil sie mir vor einigen Jahren zu meiner Freude schrieb, sie erinnere sich zu ihrer eigenen Verwunderung noch sehr gut an diesen Besuch.

In einem Brief vom 2. Mai 1909, in dem mir Freud für die an einem von ihm überwiesenen Patienten geleistete Arbeit dankt, findet sich ein Passus, der auf eine ganz leichte depressive Welle hinweist, wie sie bei Freud ja auch sonst neben Phasen gesteigerter Produktivität und gesteigerten Optimismus' immer wieder auftraten: «Ich keuche sehr unter der Arbeitslast, bin mit meinem Corpus nicht mehr recht zufrieden und erweise mich gegenwärtig als ganz unproduktiv. Ich zehre bereits an der Vergangenheit. Was ich arbeiten kann, muß der dritten Auflage des Alltagslebens und der zweiten der «Sexualtheorie» zugute kommen.»

[1] Vgl. unten S. 28.

Die nächsten vier Briefe aus dem Jahre 1909 beziehen sich auf meinen «Versuch einer Hysterieanalyse». Sie sind nicht nur in sachlicher Hinsicht von Interesse, sondern werfen bereits Licht auf die sich durch Jahrzehnte gleich bleibende Art unserer Freundschaft, eine Freundschaft, in der von seiten Freuds schonungslose Kritik und Aufrichtigkeit, von meiner Seite die Bemühung um die Bewahrung eines eigenen Urteils und das Ausbleiben von Empfindlichkeit oder Beleidigtsein zusammentrafen.

Freud schreibt am 17. Mai 1909, er habe das Manuskript meiner Arbeit «durchstudiert, so gut ich mich mit Ihrer bösen Schrift befreunden konnte, was endlich gelang». Da meine Schrift tatsächlich schwer leserlich ist, habe ich später oft zum Diktat in die Schreibmaschine gegriffen. Es finden sich in unserer Korrespondenz häufig Hinweise auf die schwerere oder leichtere Lesbarkeit meiner Handschrift, welche Unterschiede ich dann humoristisch auf Freuds Einstellung zu mir, er hingegen auf die meinige zu ihm zurückführte. Einmal wurde diese Schrift sehr unwirsch als «schizophren ablehnend» bezeichnet; nur ein einziges Mal fand sie Gnade vor seinen Augen und war sie leichter zu entziffern – nach dem Besuch in Kreuzlingen. Doch davon später.

Die betreffende Analyse selbst sei so gut, fuhr Freud fort, als eine solche ohne Rückgang auf die infantilen Kernkomplexe sein könne und werde vielleicht gerade der Unvollständigkeit wegen besonders belehrend wirken. «Es ist schwer, Ihnen Einzelheiten auszusetzen, denn alles ist korrekt, scharfsinnig, gut verbunden, besonders die Vertheilung der Akzente scheint mir zutreffend.» So wenig mich Freuds Kritik oder Vorwürfe jeweils umwarfen, so wenig machte mich ein solches Lob übermütig, da ich wohl wußte, wieviel mir noch fehlte, um es zu verdienen, und wie gerne Freud bereit war zu loben, wo es auch nur im geringsten etwas zu loben gab.

Um Freuds wohl auch heute noch Interesse beanspruchende weitere Besprechung meines «Versuchs» einigermaßen verstehen zu können, sei vorausgeschickt, daß es sich bei der kranken Irma um schwere hysterische Dämmer- und Erregungszustände gehandelt hat, in denen sie aus dem Bett springt, an Fenstern und Türen rüttelt, aus dem Fenster springen will, schreit, sie müsse auf den Kirchhof Leichen ausgraben und verzehren, sich selbst leidenschaftlich in den Arm beißt, behauptend, sie liege selber im Grab, eine Frau komme und beiße sie an. Betrachtet sich oft im Spiegel. Neben dem Thema des Todes und des Begrabenseins, der Leichen und des Leichenessens spielten die Themen der Hetero- und Homosexualität und der Nahrung die Hauptrolle. Um Freuds Interpretation zu verstehen, muß man wissen, daß in den Dämmerzuständen Visionen von einer früheren Hausdame, Fräulein Faure, eine Hauptrolle spielten. Diese Dame wurde, als Irma noch ein Kind war, im Anschluß an eine leichte Diphtherie geisteskrank, ritzte sich den Hals blutig, behauptend, bei ihr sei der Luftröhrenschnitt gemacht worden, schrie und jammerte um ihr Leben, flehte, man solle sie nicht begraben, ehe sie gestorben sei usw. Es habe, schreibt die Mutter, zwei Tage gedauert, bis eine Anstalt sie aufnehmen konnte. Die Kinder hätten das laute Sprechen und Schreien gehört. Auf Irma, die eine große Liebe zu Fräulein Faure gefaßt hatte, habe das alles einen unauslöschlichen Eindruck gemacht. Dieses Fräulein Faure sieht Irma oft visionär vor sich, sie unterhält sich dann mit ihr oder erzählt von ihr, sie habe so lieb sein können, habe sie vielleicht ein bißchen zu sehr verwöhnt, «aber schön war es doch». Die dürfe sie (Irma) lieb haben, denn sie sei ein Mädchen; die müsse nun alles kriegen, was sie an Liebe besitze. Fräulein Faure habe sie ziemlich wild auf Mund und Augen geküßt, wenn sie ausgekleidet auf ihrem Bett lag. (Alles Äußerungen im Dämmerzustand.)

Für Freud steht im Vordergrund die homosexuelle Komponente, «verschränkt mit der Verschiebung auf die Mundzone». Er meint, ich widerspräche seinen Erfahrungen ein einziges Mal, nämlich mit der Behauptung, Irma gebe ein Beispiel von nicht inzestuöser Genese. «Gerade an dieser Stelle möchte ich den Spaten ansetzen, um in das nicht aufgedeckte Infantile einzudringen.» In Fräulein Faure sieht Freud «nichts anderes als eine Ersatzperson der Mutter» im mittleren Leben. «Die Beweise liegen wol in den Anfällen, die erst durch die Regression auf das Frühinfantile voll aufgeklärt werden können, also auch in den zu ihnen führenden Phantasien. Daß Irma ihren Vater so früh verloren, mag wohl auf die Fixierung ihrer Homosexualität viel Einfluß genommen haben. Diese unterstützende Aetiologie wird häufig beobachtet. Die Phantasien vom Sarg, vom lebendig-Begrabenwerden, vom Sterben mit jemand anderem . . . entbehren noch ihrer letzten Deutung. Nun ist der Sarg = Mutterleib, das leb.-Begr. = dem Leben in utero. So zeigen die Phantasien, daß es sich um eine Rückkehr in den Leib der Mutter handelt, als deren Ersatz sich Frl. Faure aufdrängt. Irma war entweder eine Lutscherin (das lehnen Sie ab) oder sie ist einmal mit Küssen überfüttert worden[1]. Die dritte Phantasie vom Zusammenliegen im Grab natürlich = ins Bett genommen werden. Es fragt sich, wieviel von diesen Zärtlichkeiten, die die erste Fixierung der Libido ermöglicht haben, hat Frl. Faure wiederholt, und welcher Anteil davon gehört ganz in die Kleinkinderpflege bei der Mutter. Zwischen diesen beiden Zeiten ist die Aetiologie zu verteilen. Ich meine, Frl. Faure hat große reale Veranlassung geboten, denn sie ist ja selbst eine Neurotica, die aus denselben Complexen phantasiert (Vergiftung=Schwangerschaft). Auf dem Weg zu dieser Regression liegen die Prostitutionsphantasien, die Sie so richtig gewürdigt haben. Hinter der Angst vor der Infektion, die etwas aus dem Zusammenhang heraussteht, steckt aber der Angstwunsch vor (und nach) einem Kinde. Die Schwängerung ist (auch biologisch) eine Infektion; die Spermatozoen gehören zu den gefürchtetsten Bakterien. (Hier fände auch der Mantel = Condom seine Stelle). Das Starren vor dem Spiegel, das der Angst vor Entstellung gilt, rechtfertigt sich durch die Beziehung auf die Entstellungen der Gravidität. Das Nachdenken, wie das Zimmer aussehen müßte, wenn man einen Totenkopf hätte und das Interesse, ‚wie es innen ausschaut', gehen natürlich mitsammen auf das Innere eines Frauenzimmers oder eines Mutterleibes. Wenn sich eine Frau zum Fenster hinausstürzt, so kommt sie nicht

[1] Vgl. S. 24.

nur zu Fall (das stellt sie in der Regel durch ebenes Fallen dar), sondern sie *kommt nieder.* (Denken Sie an den kleinen Hans, die fallenden Pferde!). Das Blut gehört natürlich auch dazu. So erklärt sich auch die Wirkung des Traumes, als sie den Schrei hörte. Es ist sadistisches Sichgrauen vor der Geburt. So mündet alles, scheint mir, in den Muttercomplex ein, auf gut gebahnten Wegen, ja typischen Wegen. Wenn die Hy sich ein Kind wünscht, identifiziert sie sich mit der Mutter und endlich wird sie selbst zum Kind im Mutterleib. Sie, der Sie die Details des Falles soviel besser kennen als ich es nach dem Bericht vermag, mögen versuchen, ob dieser Schlüssel nicht auch alle übrigen kleinen Rätsel der Analyse aufschließt. Verfügen Sie beliebig über diese ungeordneten Bemerkungen, wenn Sie von ihnen Gebrauch machen können. Im Anschluß ein Aperçu über die charakteristischen Selbstmordarten von Mann und Weib. Es sind durchwegs symbolische Wunscherfüllungen sexueller Natur (mit negativen Vorzeichen). Das Weib:

geht ins Wasser	– geht zur Geburt
stürzt sich vom Fenster	– kommt nieder
vergiftet sich	– wird gravid.

Der Mann:

hängt sich auf	– wird zum Penis (pendere)
erschießt sich	– hantiert mit dem Penis.

Bei Busch heißt es in Max und Moritz in vorahnender Weisheit von den Hühnern:

> Jedes legt noch schnell ein Ei,
> Und dann kommt der Tod herbei.» –

Beim damaligen Stand meines psychoanalytischen Wissens und Könnens war ich noch ganz auf die Autorität und Erfahrung Freuds angewiesen. Der Hinweis auf die Ersetzung der Mutter durch Fräulein Faure, auf die Rolle der Homosexualität und Oralität schien mir immerhin schon damals von entscheidender Bedeutung. Der Satz: «wenn die Hy (= Hysterica) sich ein Kind wünscht, identifiziert sie sich mit der Mutter und endlich wird sie selbst zum Kind im Mutterleib», der mir damals noch fremd klang, wurde mir aufs tiefste vertraut durch die *Erfahrung* bei meiner Patientin Gerda, der im 3. Band des Jahrbuchs veröffentlichten «Absatzanalyse» (s. unten). Hier fand ich den Satz Freuds in jeder Hinsicht in der Analyse bestätigt und leistete, wie sonst noch so oft, Freud Abbitte für meine anfänglichen Zweifel. Nebenbei bemerkt wirft all dies auch Licht auf das, was man *psychoanalytische Erfahrung* zu nennen hat und was in meinem Aufsatz über Verstehen, Deuten Erfahren in der Psychoanalyse (Bd. II meiner *Ausgew. Vorträge und Aufsätze)* etwas zu kurz gekommen. Die betreffende Analyse selbst ist in dieser Hinsicht aber «sprechend» genug.

Acht Tage nach jenem Brief zu meiner Arbeit gibt Freud seiner Freude darüber Ausdruck, daß ich seine Lösungen akzeptieren konnte, eines der vielen Beispiele dafür, wie sehr er einen um so viel Jahre jüngeren Kollegen für «voll» zu nehmen gewillt war, und wäre es auch nur, um ihn zu ermutigen. Er meint, wie ich selbst, daß die durch seine Bemerkungen bedingten «Modifikationen» meiner Krankengeschichte «nicht großartig sein sollen» und «in einigen Hinweisen bestehen dürfen». «Es ist ganz richtig, daß die Aufnahmefähigkeit der Neulinge unter den Lesern auf eine zu harte Probe gestellt und damit die Werbekraft der Arbeit gemindert wird, wenn Sie das Infantile hinzu- oder besser hineinnehmen. Es ist genug, was Sie jetzt schon bieten. Auch scheint mir, daß Ihr Onkel, der ja jetzt die Arbeit mit der klinischen Stampiglia gestempelt hat, für nicht mehr, als er mitangesehen, verantwortlich gemacht werden soll. Vielleicht ist es darum am zweckmäßigsten, in einem kurzen Nachtrag den Kundigen die Spuren des Weges aufzuzeigen, der zu den infantilen Kernkomplexen führt. Dabei wollen Sie sich des Materials in meinem vorigen Brief ganz nach Belieben und Auswahl bedienen. Was den Erfolg anbelangt, so meine ich, er wäre bei voller Erledigung sehr viel größer und dauerhafter geworden, aber Sie hätten ein Mehrfaches Ihrer Behandlungszeit darauf verwenden müssen, um ihn zu erringen oder die Kranke zur Anerkennung dieser Complexe zu zwingen. Wie Sie sehr richtig sagen, entscheiden in der Anstalt praktische Momente. Aber vielleicht geben die weiteren Schicksale der Pat. Ihnen noch Gelegenheit, die Vollständigkeit der Analyse nachzuholen.»

Was «die weiteren Schicksale der Patientin» betrifft, die ich dank ihrer Anhänglichkeit an meine Frau und mich bei längeren Besuchen in unserem Hause und durch Briefe bis an ihr durch eine interkurrente Krankheit hervorgerufenes Lebensende im fünften Lebensjahrzehnt verfolgen konnte, so hat sich keinerlei Rückfall eingestellt und dies trotz einer sie im Beginn sehr beglückenden und im ehelichen Verkehr völlig ungestörten, bald aber in jeder Hinsicht höchst unglücklichen, kinderlosen, nach wenigen Jahren zur Scheidung führenden Ehe mit einem Schauspieler. Sie überstand ihre maßlose Enttäuschung hierüber ebenso tapfer wie die sehr bitteren Jahre des ersten Weltkrieges, in denen sie sich durch Heimarbeit und Arbeit in einem Soldatenheim ihr Brot verdiente. Daneben war sie vielfach künstlerisch und kunstgewerblich tätig.

Wenn mein Lehrer E. Bleuler diese Psychose, wie ich später vernahm, als *schizophren* beurteilt haben soll, und zwar auf Grund der ganzen Symptomatologie, so mußte ich dieser Diagnose später insofern ein gewisses Recht einräumen, als die Patientin, zwar ohne die geringste intellektuelle Einbuße oder eine ausgesprochene affektive Veränderung zu zeigen, in ihrem Gang etwas leicht Steifes, in ihrem Tonfall, ihrem Lachen und ihren Gesten etwas leicht Manieriertes zeigte. Aber weder in ihren Handlungen noch in ihren Gedanken und Wünschen war je etwas von Verstiegenheit oder Verschrobenheit zu entdecken. –

Anfangs Dezember 1909 kam Freud auf diese Analyse zurück, nachdem er nun auch den Schluß im zweiten Band des Jahrbuchs gelesen.

«Ihre Analyse ist, abgesehen von ihrer diplomatischen Bedeutung in diesem Zeitpunkt sehr wertvoll und wohl durchaus richtig. Ihr Mangel, daß sie so unvollständig ist, wird zum Vorzug, insofern Anfänger in Anstalten Mut bekommen können, um auch in kürzeren Behandlungszeiten praktisch bedeutsame Erfolge erzielen zu wollen. Die Aufdeckung besonders reichhaltiger Phantasien zur Erklärung der Anfälle und Delirien ist überraschend und in der Literatur bisher ein Novum. Die Technik ist zwar nicht die klassische, aber ich glaube selbst, in einem Falle, der durch Absencen und Delirien ausgezeichnet ist, wird man keine andere anwenden können. Wenn die Synthese nicht übersichtlich ist, so rührt dies von der Lücke im infantilen Material. Meine Andeutungen hiezu haben Sie im ganzen Umfang verwertet. Auch ich kann Ihnen aus vollem Herzen zu dieser ersten Leistung Glück wünschen.»

Bevor wir auf den diesem Lob unmittelbar folgenden Tadel eingehen, sei noch kurz erklärt, was es mit der «diplomatischen Bedeutung der Analyse in diesem Zeitpunkt» in den Augen Freuds für eine Bewandtnis haben mußte. Es war die erste Analyse aus einer deutschen psychiatrischen Klinik (Jena) und unter der offiziellen Verantwortung des Leiters derselben, meines Onkels, Professor Otto Binswanger. Dieser hatte mir den «Fall» während meiner Jenenser Assistentenzeit ausdrücklich zu einer Psychoanalyse übergeben, da er, nach seinen eigenen Worten, nicht mehr mit ihm weiterkäme. Es war klar, daß unter diesen Umständen nicht nur für mich selbst, sondern erst recht für die Verbreitung der Psychoanalyse in Deutschland viel vom Ausgang dieses Falles abhing.

Hier muß ich zunächst auf die Stellung von Professor Otto Binswanger zur Psychoanalyse überhaupt kurz eingehen. Aus der Biographie Freuds von Ernest Jones erfahren wir (II. S. 123), daß Stegmann, einer der ersten deutschen Psychoanalytiker, nach einem Vortrag über seine Behandlung von Neurosen mittels der kathartischen Methode nach Freud (vgl. auch ebd. S. 34[1]) auf einer Versammlung der mitteldeutschen Psychiater und Neurologen in Halle 1904 von O. Binswanger eine strenge Zurechtweisung erfuhr («was severely castigated»). Jones fügt hinzu, daß es sich bei Professor Binswanger um den Autor des Standardwerkes über

Hysterie handle. Dieses Werk ist noch im selben Jahre in dem großen Nothnagelschen Sammelwerk erschienen (Wien 1904). Da Jones nur von den grotesk unverständigen, ja zum Teil unflätigen Angriffen von Spielmeyer, Weygandt, Aschaffenburg, Oppenheim, Hoche, Bumke, Ziehen, Isserlin etc. gegen Freud und seine Schüler spricht, müssen wir hinzufügen, daß O. Binswanger in diesem Werk, im Gegensatz zu seiner mündlichen Zurechtweisung Stegmanns, ganz abgesehen von dem rein wissenschaftlichen Ton der Auseinandersetzung, ein für die damalige Zeit immerhin auffallendes Verständnis für die Bedeutung der *Studien über Hysterie* zeigte (vgl. S. 769–778, 782 und 907–910). Auch hier mußte es natürlich noch zu Fehlurteilen kommen, so wenn wir lesen, daß man bei vielen Kranken besser «die Finger davon läßt», tiefer in sie eindringen zu wollen und sie mit «dieser geistigen Tortur» zu quälen, daß man die Rolle der Sexualität nicht überschätzen dürfe, daß es hysterische Anfälle gäbe, die «nicht auf Erinnerungen beruhten», sondern «auch durch ausgeprägtes psychisches Correlat rein materiell entstehen» könnten usw.; jedoch ist der Respekt vor der wissenschaftlichen Leistung der «Studien» als solcher und der Ernst der Auseinandersetzung mit ihr unverkennbar. Vor allem aber finden wir schon hier, sowohl im Anschluß an die Studien, als auch an die Schrift über die Abwehr-Neuro-Psychosen, den Satz: «Wir halten diese auf klinischen Beobachtungen und psychologischen Analysen beruhenden Lehren von der hysterischen Conversion für eine wesentliche Bereicherung unserer Anschauungen über die pathologischen ‚Affektwirkungen'» (S. 772). –

Was nun den auf das Lob meiner Analyse folgenden Tadel betrifft, so lautet er (wir sprechen immer noch vom Brief vom 3. Dezember 1909) folgendermaßen:

«Übel genommen habe ich Ihnen nur, daß Sie mit dem Satz, wir heilten nur die Symptome der Hy. und nicht die Konstitution, Ziehen zu Worte kommen lassen. Es ist fraglich, was von dem Satz im Lichte unserer heutigen Einsichten übrig bleibt, Ziehen hat aber jedenfalls durch seine Gassenbüberei das Recht verwirkt, bei uns erwähnt zu werden.

Es ist das Sache der Selbstachtung. Ich nehme an, daß Sie die Stelle niedergeschrieben haben, ehe Sie von seiner bekannten Äußerung über meine Arbeiten Kenntnis erhielten. Ich glaube aber, es wäre Zeit gewesen, die Worte in der Korrektur zu beseitigen. Hie und da hätte ich mir auch Ihre Parteinahme, von deren Gründlichkeit ich ja überzeugt bin, im Ausdruck kräftiger und weniger diplomatisch gewünscht.»

Zu diesem Passus muß ich in einiger Ausführlichkeit Stellung nehmen. Zunächst ist festzuhalten, daß Freud hier insofern irrt, als der Hinweis auf Ziehen sich gar nicht auf den «Satz», sondern nur auf den Ausdruck «hysterische psychopathische Konstitution» bezog, an den der Name Ziehen sich unmittelbar anschloß. Der Satz wurde von mir selbst formuliert im Anschluß an Irmas hysterischen Reaktionstypus im Assoziationsexperiment. Er lautete: «Wir können einzelne Symptome heilen, aber nicht die hysterische psychopathische Konstitution (Ziehen) selbst, deren Ausdruck dieser Reaktionstypus ist» (a. a. O. S. 334). Was die Zitierung Ziehens betrifft, die Freud mir so übel genommen hat, so hätte ich sie sicherlich weggelassen, wenn mir Ziehens Anwürfe gegenüber Freud bekannt gewesen wären[1]. Im übrigen stimme ich Freud durchaus bei, wenn er sagt, es sei fraglich, was von dem Satz im Lichte unserer heutigen Einsichten übrig bleibe[2]. Das Hauptmotiv für die Anbringung meines Satzes war auch, ja erst recht, in einer psychoanalytischen Arbeit den Kontakt nicht zu verlieren mit der Psychiatrie überhaupt. Der Leser wird sehen, welch große Bedeutung dies in der Folge, zwar keineswegs für unsere Freundschaft, wohl aber für meine Stellung zur Psychoanalyse

[1] Noch heute bin ich mir nicht im klaren darüber, auf welchen von Ziehens Anwürfen gegen die Psychoanalyse (vgl. Jones II, S. 127 f.) sich jener Vorwurf bezog.

[2] Daß Freud sich hinsichtlich der Konstitutionsfrage den Weg stetsfort offen gehalten hat, zeigt mir eine Äußerung von ihm bei meinem Besuch an seinem achtzigsten Geburtstag. Ich sprach davon, daß dem Menschen nach einem niederschmetternden Schicksalsschlag die «Freiheit» bliebe, ob er sich in eine Neurose flüchten oder aber sein seelisches Gleichgewicht bewahren wolle, worauf Freud zu meinem Erstaunen den kurzen Satz hinwarf: «Konstitution ist alles.»

überhaupt hatte. Für mich bedeutete die Psychoanalyse sozusagen immer einen Zweig der Psychiatrie, sowohl in wissenschaftlicher als in therapeutischer Richtung. So wenig jemand in meinen Augen ein Psychiater ist, wenn er von der Psychoanalyse nichts versteht, so wenig scheint mir die Psychoanalyse auf festem wissenschaftlichen Boden zu stehen, wenn sie die wissenschaftlichen Errungenschaften und Probleme der klinischen Psychiatrie außer acht läßt. All das hängt auch mit einem viel schwereren Vorwurf zusammen, den Freud mir in seinem Neujahrsbrief vom 31. Dezember 1909 im Anschluß an meine Antwort zum gleichen Thema machte, die «Analyse» meiner Stellung zur Psychoanalyse noch vertiefend und verschärfend. Er schreibt:

«Der Uhr nach sind Sie der Erste, dem ich mitten im Brief Glück zum neuen Jahre wünschen kann. Ich freue mich sehr, daß Sie meine geraden Worte nicht krumm genommen haben, ich war wohl etwas grob, sehe gerne, daß es nicht geschadet hat und glaube sogar zwischen Ihren Zeilen mehr Zustimmung zu lesen als in Ihren Worten selbst. Ich wandte mich nicht gegen den unabhängigen Zweifel, der mir bei jedem heilig ist, noch gegen das Stehenbleiben an dem Punkte Ihrer gegenwärtigen Entwicklung, sondern gegen etwas anderes, tiefer liegendes, und durch Analyse deutlicher zu machendes, das Sie gewiß nicht zugeben werden, etwas das wider Ihren Willen den Eindruck erweckt, als ob jemand aus der guten Gesellschaft sich bei einem Standesgenossen entschuldigte, daß er von seinem Verkehr mit – Mindervollgiltigen erzählt, an denen er allerlei zu schätzen gefunden hat. Sie werden ‚nein' sagen, aber Sie wissen, die Analyse ist gelegentlich schmerzlich.»

Ich muß frühe von der Freundschaft diejenige Auffassung gehabt haben, der Florens Christian Rang einmal mit den Worten Ausdruck verliehen hat[1], daß sie *der Seelengrund sei, auf dem Freie sich lassen zur Rechenschaft ziehen.* Denn wenn es mich jeweils auch schmerzlich berührte, wenn Freud «unzufrieden» mit mir war – was während längerer Zeit

[1] In der Zeitschrift *Die Kreatur* I, 2, S. 204.

sehr oft der Fall war –, so konnte doch das Zur-Rechenschaft-gezogen-werden mich nur in meiner Freiheit dem großen Vorbild und Meister gegenüber *bestätigen.* Er irrte hier nur darin, daß er meinte, ich würde den betreffenden Vorwurf «bewußt gewiß nicht zugeben», sondern «nein» sagen. Gewiß ist die Formulierung des Vorwurfs der Anschaulichkeit zuliebe überspitzt – so empfand ich es schon damals und so ist er mir dauernd in Erinnerung geblieben. Jedoch konnte ich ihm schon zu jener Zeit durchaus nicht eine gewisse Berechtigung absprechen, soweit man unter «guter Gesellschaft» die klinische Psychiatrie überhaupt verstand, unter «Mindervollgiltigen» hingegen die in ihren wissenschaftlichen Grundlagen noch keineswegs geklärte Psychoanalyse. Aber abgesehen davon, daß ich an der Psychoanalyse, wie der Leser bereits gesehen hat, nicht nur «allerlei», sondern ausnehmend viel «zu schätzen gewußt» habe, und abgesehen davon, daß mir Freuds Persönlichkeit und seine geistige Leistung «vollgiltiger» waren als diejenige irgend eines damaligen Psychiaters, selbst Bleuler nicht ausgenommen, wurde ich der Psychoanalyse als Wissenschaft – ich spreche nicht von meiner bis zum heutigen Tag andauernden Bewertung ihrer therapeutischen Bedeutung als einer allen anderen psychotherapeutischen Methoden weit überlegenen Methode – erst Herr, nachdem ich mir Klarheit verschafft hatte über die Art und Weise ihrer anthropologisch-ontologischen Voraussetzungen und damit zusammenhängend ihrer Grundbegrifflichkeit und ihrer wissenschaftlichen Sprache. In dieser Hinsicht bestand bei mir damals und noch auf lange Zeit hinaus ein gewisses Unbehagen, das Freud durchaus richtig, aber zu sehr ins «Soziale» gewendet, bemerkt hatte. Indessen spielte das «soziale» Moment insofern *auch* eine Rolle, als ich, sowohl aus den genannten Gründen als aus Mangel an Erfahrung, noch nicht imstande war, den psychiatrischen Kritiken gegenüber die Psychoanalyse in jeder Hinsicht zu verteidigen und zu rechtfertigen. Wie der Leser sehen wird, durchzieht das Ringen mit der Psychoanalyse als Wissenschaft und als «Zweig der Psychiatrie» mein ganzes Leben. Ich kann ruhig sagen, daß meine ganze wissenschaftliche

Entwicklung sich in positiver wie in negativer Hinsicht am Leitfaden philosophischer und wissenschaftlicher Auseinandersetzung mit der Psychoanalyse als Wissenschaft abgespielt hat.

Wie wenig unser freundschaftliches Einvernehmen durch all diese «persönlichen» Vorwürfe getrübt war, zeigt Freuds Brief vom 3. März 1910, in dem er sich für die Übersendung eines japanischen Kunstblattes «zur Ausstattung meiner japanischen Ecke» bedankt und mich fragt, wie ich den Besitzer bewogen hätte, es herauszugeben, denn *er* würde es nicht herausgeben, er fände es zu hübsch. In seiner keineswegs zur Schau getragenen, sondern selbstverständlichen Bescheidenheit frägt er sich, wie er die Beschenkung verdient habe; aber er nähme es leicht und hoffe, es habe auch mir irgendwie ein Vergnügen gemacht; worin er tausendmal recht hatte; denn wie sollte ich ihm je vergelten können, was er mir an psychoanalytischem Wissen und freundschaftlicher Teilnahme und Güte geschenkt hat?

In das Jahr 1910 fällt der Nürnberger Kongreß, an dem ich auch teilnahm. Er fand in der Korrespondenz ebenso wenig Widerhall wie unser Besuch in Wien; jedoch unterließ es Freud in seiner chevaleresken Art nie, meine Frau herzlich zu grüßen und sich nach ihr zu erkundigen. Offenbar wegen unseres Besuches in Wien in der ersten Jahreshälfte fällt die Korrespondenz ausschließlich in die zweite Hälfte des Jahres 1910. Statt persönlicher Themata war sie weitgehend von den Vorgängen in Zürich (Frage des Beitritts Bleulers zur internationalen Vereinigung) und von der Frage meiner offiziellen Mitarbeiterschaft am Centralblatt beherrscht. Daneben liefen, wie schon in den beiden letzten Jahren, gegenseitige Auskünfte über Patienten, die Freud mir anvertraut hatte. Die Mitarbeiterschaft am Centralblatt hatte ich aus Abneigung gegen eine Zusammenarbeit mit dem «unwissenschaftlichen» Stekel abgelehnt, dann aber mit Rücksicht auf Freud als Herausgeber, ähnlich wie es auch Alphonse Maeder getan hatte, doch angenommen. Am 3. Juli 1910 schreibt Freud, daß er die Vorgänge in unserem Zürcher Kreis nicht begreife und in die Motive der Opposition gegen den Internat. Verein keine Einsicht habe. «Diejenigen, die mit Bleuler den Eintritt verweigerten, haben doch ihre Überzeugungen über die ΨA nicht geändert? Wie stellen Sie sich den nächsten Kongreß vor, der doch nur von Mitgliedern besucht werden kann? Warum wollen diese Dissidenten sich jedes Entschlusses auf die Entschlüsse u. Aktionen der Psychoanalytiker entschlagen, wenn sie an der Sache den gleichen Anteil nehmen wie die anderen, die für 10 frs jährlich das Correspondenzblatt erhalten?»

Ich antwortete Freud am 8. Juli, daß ich ihm leider nur wenig Auskunft geben könne, da ich durch den Nichtbeitritt Bleulers (und H. W. Maiers) völlig überrascht worden sei. Ich sei aber sicher, daß beide Herren ihre Stellung zur Psychoanalyse keineswegs geändert hätten und ich wisse, daß Bleuler weiterhin an seiner «Apologie» der Ps. A. arbeite. (Im selben Brief spreche ich von meiner Bewunderung der Leonardo-Studie und dem großen Genuß, den sie mir bereitet habe, sowie vom Fortgang meiner «Absatzanalyse».) Am 10. Juli antwortet Freud, er habe mich als Vorsitzenden der Züricher Gruppe nur zur «Abhilfe» auffordern wollen (was er sich einfacher und leichter dachte als es der Fall war, obwohl ich sowohl mit Bleuler als mit Maier sonst in bestem Einvernehmen stand). Bis zum nächsten Kongreß, der der Amerikaner wegen immerhin erst im Herbst 1911 stattfinden werde, müsse die Angelegenheit geordnet werden; «denn Nicht-Mitglieder – und wäre es selbst Bleuler – kann diese intime Vereinigung doch nicht brauchen. Es bleibt eine sonderbare Sache, und Sie sollten den Herren die Unhaltbarkeit des Zustandes begreiflich machen. Die persönlichen Komplexe können sich doch nicht gegen Sie richten» (Das war selbstverständlich nicht der Fall.) Die Weigerung Bleulers gegen den Beitritt schien sich mir nur gegen die Vereinigung von Wissenschaft und einer Art von wissenschaftlichem Konventikeltum zu richten. Am 12. Juli schrieb ich Freud, ich sei auf Antrag von Jung vom «Verein» aufgefordert worden, bis zum Herbst Bleuler zu sondieren und womöglich zum Beitritt in die Internationale Psychoanalytische Vereinigung zu bewegen. Ich müsse aber noch einige Monate damit zuwarten, da mir die Spannung zwischen Jung und Bleuler noch zu stark erschiene.

Unter dem 25. Juli schreibt Freud aus dem Haag, er fühle sich «sehr behaglich». Die Sammlung zur Neurosenlehre, erste Auflage 1906, sei reif zur zweiten Auflage. «So antworten wir auf die ‚Vernichtungen der Psychoanalyse'.»

Mitte September erhalte ich eine Ansichtskarte von Freud und Ferenczi aus Selinunt. Am 2. Oktober schreibt Freud als Antwort auf meine Bemerkung, daß ich Ferenczi wegen seiner Reise mit ihm beneidete, Ferenczi sei wahrscheinlich gar nicht so glücklich gewesen, mit ihm zu reisen, daß man ihn beneiden müsse. «Ich lasse mich in den Ferien recht gehen und, bin gar nicht immer geistreich, und er war sehr liebenswürdig, aber etwas gehemmt[1].» Im selben Brief bedankt er sich für meine «schöne Schrift», bald werde *er* sich schämen müssen. An Bleuler habe er nun selber einen Brief geschrieben, «der um Aufklärung bittet». «Bleuler muß es doch als Beleidigung nehmen, daß ich keine direkte Fühlung mit ihm suche.» Am 24. Oktober berichtet er, daß er mit Bleuler «in lebhaftem, umfänglichen Briefwechsel stehe», aus dem sich bisher aber nichts ergeben habe. Bleuler verhalte sich werbend, in manchen Stücken sehr entgegenkommend, «aber den Verein perhorresziert er noch immer und gerade den können wir ihm nicht opfern, wenngleich wir gerne viel aufwenden wollen, um ihn bei uns zu behalten. Seine Argumente sind so dämmerig, imponderabel u. unfaßbar, daß es mir schwer wird, etwas aus ihm zu machen. Da er das Bedürfnis nach mündlicher Aussprache geäußert hat, habe ich ihm angetragen, über Weihnachten nach Zürich zu kommen. Natürlich fahre ich nicht, wenn die Chancen, ihn zum Eintritt zu bewegen, nicht bis dahin eine bestimmtere Form angenommen haben.»

Auf meine Einladung, mich von Zürich aus zu besuchen, erfolgte am 6. November 1910 die Antwort: «ich weiß, sie ist aufrichtig und ernst gemeint, wie alles, was von Ihnen ausgeht», die Reise nach Zürich sei aber sehr zweifelhaft

[1] Vgl. hiezu Jones II, 91 f.

geworden auf Grund von Bleulers «sphinxartiger Äußerung», er werde vor Beantwortung von Freuds letztem Brief eine Unterredung mit Jung haben, die den Ton seiner Erwiderung möglicherweise modifizieren würde. «Das klingt nicht sehr aussichtsvoll, wahrscheinlich wird uns doch nur eine reinliche Scheidung übrig bleiben.» «Alle diese persönlichen Dinge sind sehr unerfreulich. Ich wollte, ich wohnte näher an Jung, um ihn in seiner jungen Autorität zu stützen, an der mir ein Stück Zukunft zu hängen scheint.» Das war im November 1910. Im übrigen habe er auch in Wien Schwierigkeiten mit seinen Schülern, die ihm ganz überflüssig erschienen. «Ich brauchte dringend meine ganze freie Kraft und Stimmung für die Arbeit. Soviel unnützer Aufwand!»

Aus dem Besuch in Zürich und damit auch bei mir wurde nichts, da Freud Bleuler eine Zusammenkunft in München vorschlug. Er fügte hinzu, daß sich auch eine Begegnung mit Jung daran anschließen werde, was aber Geheimnis bleiben müsse. Wie jugendlich Freud sich damals noch über ein solches «Geheimnis» freuen konnte, zeigte der Ausspruch: «Ich freue mich wie ein Schneekönig über die kleine Intrigue» (3. Dezember 1910). Im selben Brief finden sich wichtige Äußerungen über Adler, Putnam und die Paranoiafrage: «Mit Adler's Arbeiten heißt es vorsichtig sein. Die Gefahr mit ihm ist um so größer, je intelligenter er ist. Seine Darstellung macht alles undurchsichtig; ich weiß aber, daß es auf biologische Gesichtspunkte an Stelle der psychologischen u. auf Absetzung des Sexualtriebes hinausläuft. Es ist da nicht alles in Ordnung. Putnam hat heute den zweiten seiner Vorträge zu Gunsten der Ps. A. eingeschickt, entschieden und ehrlich, verständnisvoll, on ne peut pas mieux. Das war eine Reise und einen chronischen Darmkatarrh wert. Ich bearbeite jetzt die ‚Denkwürdigkeiten' von Schreber u. komme so in die Paranoiafrage, die mich ungemein interessiert.» –

Am 6. Dezember 1910 starb mein Vater in einem stenocardischen Anfall in seinem sechzigsten Lebensjahr. Freud kondolierte mir mit folgenden Worten:

«Die wenigen ernsten Worte, mit denen Sie mir den Tod Ihres Vaters anzeigen, sagen mehr aus, als lange Reden vermöchten. Wir ferner Stehenden wollen ihn beneiden ob der Abkürzung unfruchtbaren Leidens und des schönen kurzen Todes; was dieser dem Sohn bedeutet, wollen wir in ehrfürchtiger Scheu nicht erraten. Von seinem Glück wissen wir, daß er durch seine Arbeit Erfolg gewonnen, und daß er Kinder zurückgelassen hat wie Sie, das ist nicht wenig. Ich bitte Sie im Namen meiner Frau und Kinder, Ihrer ganzen Familie Mitteilung von unserem Beileid zu machen. Ihnen selbst einen herzlichen Händedruck. Von der Zusammenkunft in München weiß ich noch nichts Näheres, da Bleuler noch nicht geantwortet hat. Ihr treu ergebener Freud.»

In das Jahr 1911 fällt der Weimarer Kongreß, an dem ich auch teilgenommen habe, aber ohne mich an Einzelheiten zu erinnern, abgesehen von Weimar selbst. Am 1. Januar gratuliert mir Freud wiederum zum neuen Jahr, für mich selbst, meine kleine Familie und das nun «in Ihren Händen ruhende Unternehmen». «Halten Sie weiter bei uns aus und bleiben Sie in den vorderster Reihen der Ärzte, die sich durch Widerstände nicht abhalten lassen, der ΨA den Weg in die Praxis zu bahnen.» Als Beispiel dafür, wie ablehnend und verständnislos man damals noch in Deutschland der Psychoanalyse gegenüberstand, mag das Echo auf meine Ankündigung dienen, die ich bei Übernahme der ärztlichen Leitung unserer Anstalt in die Welt sandte, der simplen Ankündigung nämlich, daß auch die Psychoanalyse in unserer Anstalt angewandt werde! Das Echo aus Deutschland lautete, daß ich unserer Anstalt damit das Todesurteil gesprochen hätte! (Freundlicher, ja begeistert war das Echo von August Forel auf die Ankündigung der Einführung völliger Alkoholabstinenz!)

Über die Zusammenkunft mit Bleuler äußert Freud sich im selben Brief folgendermaßen: «Sie haben gewiß ein Recht darauf zu erfahren, wie die Zusammenkunft mit Bleuler ausgefallen ist. Ich darf sagen, über Erwarten günstig. Ich konnte nach seiner Apologie meiner ΨA nicht anders als offen und herzlich mit ihm sein, u. er hat es mir dann nicht schwer gemacht. Wir haben allerlei Mißverständnisse beseitigt u. sind einander recht nahe gekommen. Vom Verein sprach ich am Ende nicht direkt, er aber drückte sich so aus, daß es unrecht wäre, seine Absichten zu bezweifeln. Nach seiner Abreise kam Jung, mit dem ich mich sehr gefreut habe wie jedesmal, und ich habe mit Vergnügen gesehen, daß er auch die richtige persönliche Einstellung zu Bleuler finden und einhalten will. So wird wol Zürich jetzt gedeihen, worauf ja sehr viel ankommt.» «Ich habe Jung eine Arbeit über Paranoia übergeben u. Einsicht in seine bedeutsamen religionsmythologischen Untersuchungen genommen. Unser Jahrbuch wird sich sehen lassen können. Mit Vergnügen hörte ich von der Bereitschaft Ihrer Absatzanalyse. Also Glückauf für den neuen Lebensabschnitt! Ihr herzlich ergebener Freud.»

Am 30. Januar 1911 gratuliert Freud mir zur Geburt meiner Tochter: «Nur äußerster Zeitmangel kann die Verspätung meines Glückwunsches zur Geburt der Tochter entschuldigen. Nun sind Sie Vater in jedem Sinne und haben das Merkwürdigste, was es im Leben gibt, zweimal erfahren. Möge sie gedeihen und der lieben Mutter wie Ihnen Freude machen.»

Es liegt mir wie gesagt fern, zu jedem Brief Freuds einen Kommentar zu schreiben, da ich überzeugt bin, daß die menschliche Gestalt, die den Namen Freud trägt, aus den Briefen selbst deutlich und «sprechend» genug hervortritt. Hier aber möchte ich doch darauf hinweisen, wie sehr die Teilnahme, sei es an Geburt oder Tod, bei dem als Rationalist verschrienen Freud nicht nur von Herzen kommt, sondern auch unser allgemein menschliches Los, die condition humaine, mit ihren «Merkwürdigkeiten» ins Auge faßt, und wie sehr er die Teilnahme am persönlichen Geschick einfließen läßt in das Staunen über das Rätsel unseres Daseins.

Im ganzen liegen aus dem Jahre 1911 zwölf Briefe Freuds vor. Sie handeln teils von der Entwicklung der Krise (Adler und Stekel betreffend) in Wien, teils von der Lage, in die mich die Übernahme der Leitung unserer Anstalt (mit achtzig Patienten und vier Ärzten) in bezug auf die Anwendung der Psychoanalyse gebracht hatte. Um die letztere vorwegzunehmen, so bezeichnet es Freud, ebenso wie ich selbst es empfand, als «jammerschade», daß Maeder (der sich aber von Anfang an nur für ein Jahr verpflichtet hatte) uns verließ. Ich solle in der Leitung nach wie vor «nichts aus der Hand geben», jedoch müsse ich weiterhin geschickte Mitarbeiter suchen, «sonst reiben Sie sich bei der ΨA in kurzer Zeit auf». «Sie können unmöglich alles analysieren, was zu Ihnen kommt und der Analyse bedarf. Die Abkürzung des Verfahrens, die sich Ihnen als zweckmäßig für eine Anstalt ergeben wird, setzt doch voraus, daß man sich zuerst in vollgiltigen Analysen eine souveräne Kenntnis dessen, was vorkommen kann, verschafft hat. Hat man das, so wird es möglich sein, das, was Sie anstreben, als bequemeres therapeutisches Rüstzeug zu gestalten» (12. Februar 1911).

Ich weiß nicht mehr, was ich in dieser Hinsicht schon damals «angestrebt» habe. Denn in dieser Zeit glaubte ich noch, daß fast jeder Patient analysiert werden müsse, und das erst recht nach den guten Erfahrungen der «Absatzanalyse». Es hat mich zehn Jahre harter Arbeit und Enttäuschung gekostet, bis ich einsah, daß sich nur ein bestimmter Teil unserer Anstaltspatienten für die Analyse eignet. Zu diesem «Teil» rechnete ich insbesondere Patienten mit einer guten charakterlichen und intellektuellen Grundlage, bei denen einigermaßen vorauszusehen war, daß sie den ungeheuren Anforderungen, die eine Analyse an ihre Energie, ihre Geduld, ihre Aufrichtigkeit und ihr psychologisches Verständnis stellt, gewachsen waren. Ich kann aber erklären, daß eine erfolgreiche, strenge, systematische Psychoanalyse in meiner gesamten psychiatrischen Laufbahn das Schönste und Befriedigendste war, das ich als Psychiater, nicht nur als Psychotherapeut, erleben durfte. Mit der Zeit lernte ich auch unterscheiden zwischen einer Vollanalyse und einer, wie ich mich auszudrücken pflege, «von psychoanalytischen Gesichtspunkten geleiteten Psychotherapie». Zu deren unabdingbaren Erfordernissen gehören Traumanalyse, Einbeziehung des Übertragungsphänomens, unbedingte Aufrichtigkeit. –

Im gleichen Brief vom 12. Februar 1911 erklärt Freud ausnahmsweise, er könne meine Schrift «jetzt sehr gut lesen». Wenn er so spät antworte, so rühre es daher, daß er wirklich den Sonntag abwarten müsse, «u. auch der geht manchmal verloren». Sein Befinden habe sich «seit der Gasschlauchaffaire» wirklich gehalten. «Arbeit und Interesse sind auf der Höhe.» Bei jener «Affaire» hatte es sich um eine leichte Leuchtgasvergiftung infolge eines defekten Schlauches gehandelt. Bevor diese Aetiologie festgestellt worden war, hatte Freud gefürchtet, an einer frühzeitigen Arteriosklerose zu leiden.

In welche – von mir aber nicht allzu schwer genommene – Lage ich durch die Übernahme der Anstaltsleitung gekommen war, beleuchtet die Tatsache, daß, während die deutschen Psychiater, wie bereits berichtet, in der Erwähnung der Psychoanalyse in meinem «Prospekt», wie Freud meine Ankündigung bezeichnet, das Todesurteil für unsere Anstalt sahen, Freud den «Passus über die Analyse wol allzu zaghaft»[1] fand. Immerhin fügte er begütigend hinzu: «aber ich weiß, es ist kein Verdienst, das Maul voll zu nehmen u. mehr Verdienst, das Richtige konsequent zu tun» (5. März 1911).

In diesem Brief kommt Freud auch auf die Lage in der Wiener Gruppe zu sprechen. Er ist jetzt deren Vorsitzender, Adler und Stekel sind zurückgetreten, «ersterer wol in der richtigen Empfindung, daß man mit seinen Ansichten nicht gut der Fahnenträger der Sache sein kann. Es heißt wol, daß der gemeinsame Boden die Übung der Methode sei, aber in Wirklichkeit ist doch, was wir gegen die Welt gemeinsam vertreten, die Wertung der Libido, von der sich Adler sehr entfernt hat. Er gibt wieder die Ich-Mißverständnisse, die wir überwunden zu haben glaubten.

Die relative Ruhe in der Literatur hat nicht lange angehalten. Das letzte Journal of abn. Psych. ist wieder voll von Streit u. Schimpf, aber Amerika ist wenigstens in vollem Anschluß, trotz des Widerstrebens Einzelner. Brill hat eine Gruppe in New York selbst gegründet.

[1] Man halte dieser «Zaghaftigkeit» das wohl dokumentierte Kapitel «Opposition» bei Jones II (120–141) gegenüber, gipfelnd in dem Vorschlag Oppenheims aus dem Jahre 1910, daß jede Anstalt, in der Freuds Ansichten geduldet würden, boykottiert werden müßte (S. 122).

Ich bekenne mich zur Fortdauer meines Wohlbefindens, unterstützt durch einen plötzlichen Abfall der Praxis in letzter Woche auf 3/4. Das wird wol nicht lange andauern.»

Immer noch im gleichen Brief schreibt Freud: «Lachend habe ich mich über Ihre Kritik der Anmerkung zu Putnam gekränkt[1]. Ich bin nämlich der Autor dieses Anhängsels wie der Übersetzer selbst. Ich bin aber nicht beleidigt, Ihr Eindruck kann doch nicht ganz grundlos sein.» Der Ausdruck «lachend-gekränkt» ist so bezeichnend für Freud, daß ich ihn gerne anführen wollte, abgesehen davon, daß Freud in seinem nächsten Brief (vom 14. März 1911) die Angelegenheit noch einmal zur Sprache brachte, womit sie für den Leser erst wirklich verständlich wird:

«Es ist also wahr, daß die Politik nicht nur den Charakter, sondern auch den Geschmack verdirbt. Es fällt mir erst jetzt auf, daß es wirklich abgeschmackt ist, einem wissenschaftlichen Autor (Putnam) ein Wolverhaltenszeugnis auszustellen, woran ich bis dahin keinen Anstoß genommen hatte. Die Erklärung liegt darin, daß dieser Aufsatz von mir als Gegengewicht gegen die Angriffe in Berlin und den lange vorher avisierten Artikel von Friedländer bei Morton Prince gemeint war, als Agitationsmittel betrachtet wurde, gar nicht als wissenschaftlicher Beitrag, da hielt ich es denn für erlaubt, den persönlichen Charakter des Autors zu betonen. Putnam hat 400 Abdrücke von diesem seinem Vortrag bestellt u. erhalten.»

An diesen Passus schließt sich der folgende, nicht weniger charakteristische, nun aber schicksalsschwere Satz an: *«Wenn das von mir gegründete Reich verwaist, soll kein anderer als Jung das Ganze erben. Sie sehen, meine Politik verfolgt dieses Ziel unausgesetzt und mein Verhalten gegen Stekel und Adler fügt sich in dasselbe System ein*[2]. Hoffen wir also, daß Ihnen die Option erspart werden wird. Freud.» Er fügt hinzu, daß auf seinem Schreibtisch die Anerkennungen mit Beschimpfungen, die frohen Vorzeichen mit schlimmen An-

[1] Es handelte sich um eine Verquickung von wissenschaftlicher Anerkennung und «vereinspolitischer» Belobigung.

[2] Hervorhebung von mir.

zeichen wechselten. Unlängst habe sich erfreulicherweise ein neuer Weltteil, Australien nämlich, gemeldet, und zwar in der Person des Sekretärs der neurologischen Abteilung des australischen medizinischen Kongresses in Sidney (20. April 1911).

Der nächste Brief meldet, daß die Schwierigkeiten in Wien sich durch eine Versöhnung mit Stekel und das Fallenlassen von Adler lösen würden. Die von ihm für das Jahrbuch abzufassende Kritik von Stekels Traumbuch werde also rücksichtsvoller ausfallen, «ohne etwas von den notwendigen Ausstellungen zu verschlucken». «Das Gedankenlose und Unkritische an dem sonst so inhaltsreichen Werk ärgert mich sehr. Er ist unerziehbar, aber der gute Kerl kommt immer wieder zum Vorschein.» – Das Jahrbuch werde im Mai allerhand Gewagtes und Ernsthaftes aus seiner Feder bringen. «Es wird ein kühner Vorstoß ins Herz der feindlichen Stellung und in der Paranoiafrage werden.» – Es handelt sich dabei um den Fall Schreber, eine Arbeit, die ich heute noch für einen der allerbedeutsamsten Beiträge Freuds zur Psychiatrie halte. Von Bleuler heißt es diesmal echt Freudisch, dieser fahre fort, «überkorrekt» gegen ihn zu sein. – Im Anschluß an eine durch eine äußere Störung abgebrochene Analyse einer mir von Freud anvertrauten Patientin bemerkt er, wie oft sich solche Störungen ereigneten, und dann getraue man sich eine Statistik der Erfolge und Nichterfolge zu geben!

Im nächsten Brief (vom 2. Mai 1911) schreibt Freud wieder einmal, er kränke sich, gestehen zu müssen, daß ihm der Genuß meines heutigen ausführlichen Briefes durch die Unfähigkeit ihn zu lesen, gestört worden sei. Er errate wohl meine Komplexe, könne aber nicht herausbringen, wie ich mich zu ihnen stelle, «ganz so, wie es manchmal in der Analyse geht». (Leider erinnere ich mich nicht mehr, um welche «Komplexe» es sich in diesem Brief gehandelt hat.) Im übrigen hoffe er zuversichtlich, mich im September zu sehen, vor allem auf dem Kongreß. «Wenn Sie dorthin nicht kommen, werde ich so empfindlich, daß ich Sie auch in Konstanz nicht aufsuche.» Es sei noch nicht bestimmt, wann er nach Zürich komme.

Der darauf folgende Brief vom 8. Mai 1911 zeigt, wie sehr Freud mich in erster Linie für sein «Reich» reklamiert und meine innere und äußere Gesamtlage nur von dort her beurteilt: «Ich bin wie alle Väter schwach u. verblendet u. darum stolz auf einen solchen Sohn, entschließe mich auch nur schwer ihm Vorhaltungen zu machen. Ich bin Ihres Komplexes ganz sicher, ich meine nur, wenn Sie überlegen wollen, auf welche Seite Sie das Schwergewicht Ihrer bewußten Bevorzugung verlegen können, so entscheiden Sie sich für den ψα gegen den Anstaltskomplex, denn letzterer ist im Unbewußten so gut gesichert, daß er einer Verstärkung nicht bedarf.» –

Er habe in der letzten Zeit mehrere Patienten zu Maeder geschickt – da ich über Zeitmangel klagte –, jetzt hoffe er aber, mir «einen schönen Fall» zur Psychoanalyse schicken zu können, wenn er die Autorität dazu noch aufbringe, die ihm in Wien entschieden abhanden komme, «während sie im Ausland alle Vernichtungen noch überstanden hat». Er selbst zähle die Tage bis zum 1. Juli, auf welches Datum er in Karlsbad angesagt sei. Da er vor wenigen Tagen 55 Jahre alt geworden sei, dürfe er gelegentlich müde sein; «meine Komplexe sagen aber, ich *darf* noch nicht. Komplexe können hetzen und jagen.» Diesmal unterschreibt er «Ihr alter Freud». Vorher bittet er mich noch, ich möge Jung fragen, wenn ich ihn einmal sähe, warum er ihm seit Mitte April nicht geschrieben habe! «Er wird übrigens genügend eingespannt sein.»

Der nächste Brief (vom 28. Mai 1911) zeigt uns Freud beschlichen von «trüben Gedanken», zwar nicht über die Gründung und Fortdauer seines «Reichs», sondern – wie es jedem echten großen Forscher und Neuerer eigen ist – über die Ausdehnung und Vertiefung der therapeutischen Wirksamkeit und Zukunft seines Lebenswerks. Andererseits verschließt er sich aber auch nicht dem Widerspruch des Freundes und gibt in absolut adäquater Selbstbeurteilung zu, daß er glaube, etwas eingeleitet zu haben, «was die Menschen dauernd beschäftigen wird». Der für die Beurteilung Freuds so wichtige Passus lautet wörtlich: «Es ist gewiß Sache des

Freundes, die trüben Gedanken, die den Alternden beschleichen, durch seinen Widerspruch wegzuscheuchen. Auch werde ich nicht klagen. Zumeist glaube ich ja auch daran, daß ich etwas eingeleitet habe, was die Menschen dauernd beschäftigen wird, manchmal befällt mich die Unzufriedenheit mit dessen Ausdehnung und Vertiefung und kommen noch leise Zweifel an der Zukunft. *In Wahrheit giebt es für den Menschen nichts, wozu ihn seine Organisation weniger befähigen würde als die ΨA*[1].» Über das in seinen Augen zu geringe Ausmaß der therapeutischen Erfolge der Psychoanalyse tröstet er sich oft «mit der Idee, wenn wir therapeutisch so wenig leisten, so erfahren wir wenigstens, warum nicht mehr geleistet werden kann. Unsere Therapie scheint mir die einzig rationelle in diesem Sinne». Im übrigen lägen noch «6 Wochen schwerster Arbeit» vor ihm, ehe er nach Karlsbad gehen könne. Nach dem Kongreß (in Weimar) am 21./22. werde er eine Woche in Zürich verbringen und dann noch meine kleine Familie in «Konstanz» besuchen. Er arbeite jetzt daran, «Adler auszuschiffen und mit Stekel allein zu bleiben.» Dann habe er weit mehr Einfluß auf das Zentralblatt.

Die auf diesen Brief direkt folgende Korrespondenz muß leider verloren gegangen sein. Aus meinem nächsten Schreiben vom 15. Juni 1911 möchte ich einen Passus wörtlich anführen, da er für meine damalige Situation überhaupt, aber auch für diejenige Freud gegenüber bezeichnend ist:

«Ich habe heute an Sie gedacht bei der Traumanalyse einer Patientin. Sie hatte geträumt, daß ich wegzöge und in einer fremden Stadt mich ganz der Analyse widmete (natürlich vor allem ihr selbst). Material: ich sei viel mehr am Platze als Analytiker denn als Anstaltsleiter; der Beruf des ersteren müsse mich doch viel mehr interessieren, dazu brauche es auch viel mehr: ‚Wie kann man sich so zersplittern lassen und die Hauptsache zur Nebensache machen, welche Kraftverschwendung, wie können Sie sich etwas Anderem widmen, wenn Sie etwas so Wichtiges (tun können), wenn

[1] Hervorhebung von mir.

Sie dieser neuen Bewegung angehören, einer so wichtigen Sache, für die Sie doch bestimmte Talente haben?' – Ähnlich haben Sie schon zu mir gesprochen, und wie die Patientin, haben ja auch Sie ein persönliches Interesse so zu reden. Sowohl Sie als die Patientin wissen aber ganz genau, daß Sie damit auch bei mir einen starken Komplex treffen. Mein Gefühl entscheidet leicht: ³/₄ Analyse und ¹/₄ Anstalt. In Wirklichkeit ist es gerade umgekehrt. Vielleicht läßt sich mit der Zeit aber doch zum mindesten eine Gleichgewichtslage herstellen. Ich bin durchaus nicht derjenige, der alles selber tun will, sondern lade auf meine Mitarbeiter ab soviel ich kann. Ich weiß sehr gut, daß ich mir auf keinen Erfolg etwas einbilde, es sei denn auf einen auf analytischem Wege erzielten und daß mich jede Kur unbefriedigt läßt, es sei denn eine analytische.»

Am 23. August 1911 schreibt Freud aus Klobenstein a/Ritten, Tirol, daß er das Jahrbuch (Bd. III, 1911) bekommen und meine Absatzanalyse[1], die mir «trefflich gelungen» sei, gelesen haben: «Die Unvollständigkeit der Analyse auf der männlichen Seite muß die Darstellung sehr erschwert haben» (was ich selbst nicht zugeben kann), «dennoch bleibt ein sehr überzeugender Eindruck übrig. In den Fragen der Klassifikation bin ich ganz auf Ihrer Seite.» Daß die Analyse die «männliche Seite» nicht mehr berücksichtigt hat, ist ebenso wahr wie bedauerlich. Aber auch hier muß die «praktische Situation» berücksichtigt werden. Die Patientin selbst drängte in ihrer Verliebtheit in ihren Bräutigam zum Abschluß; für den überweisenden Arzt und die Familie war in der damaligen Zeit das bereits «draufgegangene» halbe Jahr unerhört, weswegen ich zufrieden sein mußte, die Patientin jetzt schon mit einer gewissen Aussicht auf Heilung ent-

[1] Analyse einer hysterischen Phobie. Es handelt sich um ein 21jähriges junges Mädchen, dem im fünften Lebensjahr der Absatz im Schlittschuh stecken blieb. Seitdem hat sie eine furchtbare Angst und, wenn sie nicht fortlaufen kann, einen synkopalen hysterischen Anfall, sobald sie entdeckt, daß bei irgend jemand ein Spalt zwischen Absatz und Stiefel klafft, oder wenn jemand seinen Absatz in die Hand nimmt oder auch nur vom Absatz spricht. Im übrigen sei auf das Original verwiesen.

lassen zu können. Es kam dann zwar noch zu ein paar vereinzelten Rückfällen, dann aber blieb Gerda, wie ich sie nannte, gesund. Auch ihre Ehe erwies sich, genau wie diejenige Irmas, als eine große Enttäuschung in jeder Hinsicht, so daß sie nach einigen Jahren zur Scheidung führte. Hätte ich Zeit gehabt, auch die männliche Komponente zu analysieren, sowie die Übertragung (es handelte sich um eine reine Symptomanalyse), so wäre der Patientin diese Ehe vielleicht erspart geblieben. Sie starb ziemlich jung an der in der Familie grassierenden Lugentuberkulose. –

Der Brief vom 10. September 1911 beginnt mit der freundlichen Bemerkung, den zweiten Jahrestag seiner Promotion in Worcester wisse er nicht besser zu feiern als durch die Beantwortung meines Briefes. Die «kalte Douche» folgte aber bald, indem er schon auf der nächsten Seite wieder auf meinen «Prospekt» zu sprechen kam, von dem er sagt, daß er ihm «nicht zweckmäßig» erscheine, sowie – nach einigen Lobsprüchen – auf meine «Neigung zu leisem Auftreten». Freud hat sich meine Vermittlerrolle (zwischen Psychoanalyse und Psychiatrie) im Bewußtsein seiner großen Leistung zu leicht vorgestellt. Ich glaube, daß ich sie, wenn auch ohne je einen Posten in seinem «Reich» zu übernehmen, bis heute doch sachlich durchgeführt habe. Dazu war ein langes Leben gerade kurz genug. Freud unterschätzte die Verschiedenheit der Wissenschaftsstruktur beider Disziplinen, die man, wie mein späteres Referat über Psychoanalyse und Psychiatrie am Haager Kongreß im Jahre 1920 zeigt, nicht ohne weiteres aufeinander beziehen kann. Die größte und fruchtbarste wissenschaftliche Annäherung zwischen Psychiatrie und zum mindesten *einer* Seite der Psychoanalyse, der lebensgeschichtlich-hermeneutischen, hat E. Bleuler in seiner epochemachenden Schrift *Die Gruppe der Schizophrenien* vollzogen.

Im Sommer 1911 hatte ich auf der Tagung der deutschen Psychiater in Stuttgart einen mich tief beeindruckenden Vortrag von Liepmann über «Wernickes Bedeutung für die klinische Psychiatrie» gehört, der für meine weitere wissenschaftliche Entwicklung von ausschlaggebender Bedeutung war. Glaubte ich doch, ganz im Sinne Freuds, einen dem Liepmannschen Vortrag parallelen Aufsatz schreiben zu können, betitelt: «Freuds Bedeutung für die klinische Psychiatrie.» Bald, und von Jahr zu Jahr deutlicher, mußte ich aber anhand meiner unablässigen Versuche, dieses Thema zu bewältigen, einsehen, daß mir die dazu notwendigen wissenschaftlichen und philosophischen Voraussetzungen völlig fehlten. Das Bestreben, mir diese Voraussetzungen anzueignen, hat sowohl den Gang meiner weiteren Studien bestimmt, als mir die Möglichkeit einer selbständigen wissenschaftlichen Kritik der Grundlagen der Psychoanalyse ermöglicht. Ich wiederhole, daß meine Überzeugung von der einzigartigen *therapeutischen* Wirksamkeit der Psychoanalyse «in geeigneten Fällen» durch jene Kritik in keiner Weise berührt wurde.

Zu dem Vortrag von Liepmann und meinen sich daran anschließenden Vorsatz, von dem ich ihm erzählte, schreibt Freud im erwähnten Brief vom 10. September höchst aufschlußreich:

«Wir sehen alle in Ihnen ein Verbindungsglied gegen die Schulpsychiatrie hin, die wir ja nicht in ihrer Verstocktheit bestärken wollen. Vergangenheit, Familienbeziehungen und Neigung weisen Sie darauf hin, eine solche Vermittlerrolle zu versuchen. Es gibt unter den Schulgebildeten sehr wenige, die Ihre Gelegenheit zum Urteilen und Vergleichen haben konnten. Ihre Besonnenheit, die Ehrlichkeit Ihrer Absichten befähigen Sie zur Ausführung Ihres Vorsatzes. Eine gewisse Neigung zum leisen Auftreten – wie in Ihrem Prospekt – wollen wir Ihnen als vermeidenswert gerne vorhalten. Wenn Sie mich an die Stelle von Wernicke in Ihren Gedankengang einsetzen, so werden Sie gewiß nicht vergessen, welch ungleich besseren Anspruch auf Würdigung jener als bereits Verstorbener hat. Auch nicht, daß er in der angenehmen Lage war, eine affektlose Teilnahmslosigkeit zu erleben, während es *mein Schicksal geworden ist, den «Frieden dieser Welt zu stören»*[1]. Aber die Persönlichkeiten werden wol

[1] Hervorhebung von mir.

bei Ihnen gegen den Inhalt und die Beziehungen der Lehren zurücktreten. Ich habe den Aufsatz von L (Liepmann) über W. (Wernicke) gelesen. W. erschien mir immer als ein interessantes Beispiel von der Armseligkeit des wissenschaftlichen Denkens. Er war Gehirnanatom und konnte dann nicht unterlassen, sich die Seele in Sezierschnitte zu zerlegen wie das Gehirn. Sein großer Aphasiefund hat ihm für alle seine Arbeiten das Schema von A–Hypo- und Hyper- oder Cortical, Sub- u. Transcortical aufgedrängt, welches er dann auf das am wenigsten Adaequate anwenden mußte. Aber indem ich ihn so beurteile, messe ich ihn an einem hohen Maßstab; ich weiß wol, daß bei Anderen, deren Name die Welt erfüllt, von wissenschaftlichem Denken überhaupt nicht die Rede ist.» –

Wenn Freud sowohl in der Aphasielehre – abgesehen von W.'s großer Entdeckung – als auch in der «Psychologie» Wernicke weit überlegen ist, so dürfen doch die vielfachen feinen psychologisch-klinischen Analysen des letzteren nicht übersehen werden. Wie sehr dieser andererseits mit seinem Schema gegenüber der «inhaltlichen seelischen Wirklichkeit» bei seinen Kranken versagte, bezeugt sogar sein eigener früherer Assistent, Robert Gaupp[1].

Immer noch im selben langen Ferienbrief vom 10. September 1911 schreibt Freud, daß er den Plan unseres Wiedersehens in diesem Herbst aufgeben müsse, da einer seiner beiden alten Brüder in England gestorben sei und der andere ihn bald zu sehen wünsche. In seiner Familie habe er jetzt mehr mit Krankheiten zu tun, «unvermeidlich, sobald das Volk größer wird». Er hoffe, daß das Jahrbuch, in dem Jung sich besonders hervorgetan habe, endlich in meinen Händen sei. (Es handelt sich um die auch mich tief beeindruckende, hervorragende Abhandlung *Wandlungen und Symbole der Libido* I.) Zum Schluß macht er noch eine humoristische Bemerkung über seine religions-psychologischen Studien im Tirol, die sich (nach dem Schlußpassus zu urtei-

[1] Vgl. dessen offenen Brief an Karl Bonhoeffer, seinen Freund und früheren Mitassistenten bei Wernicke. Z. *Neur.* 1942/43.

len) vielleicht bereits mit dem Thema der Zukunft einer Illusion beschäftigen:

«Die Frequenz der Herrgötter hier im Tirol, wo sie ja zahlreicher sind als bis vor kurzem die Herrenpilger, hat mich zu religions-psychologischen Studien beeinflußt, von denen vielleicht nach Jahr und Tag etwas ans Licht kommen wird. Nach der Publikation werde ich wol nicht wieder im Tirol eingelassen werden» (10. September 1911).

Im nächsten Brief, vom 23. November 1911, meint Freud, daß er (bei den Psychiatern) keinen praktischen Erfolg von meinen bereits erwähnten vermittelnden Bemühungen erwarte:

«Es muß erst eine Generation absterben, ehe die nächste Ihren Mahnungen lauschen kann, aber es erscheint mir wertvoll für Sie u. beruhigend für uns, daß Sie so etwas schreiben. Meinen Sie nun, wir Glieder des ψα Vereins können nur als Kulturdünger wirken u. müßten selbst untergehen, so ist es meinem Egoismus auch recht. Ich werde ja vorher abfallen, u. im Gedankenziel brauche ich nur den Erfolg nicht die Wege dazu hochzuhalten. Aber ich glaube es eigentlich nicht u. halte Ihre Erwartung wirklich für ketzerisch. Vielleicht rechtfertigen Sie so eine gewisse Reserve, die Sie sich jetzt gegen den Verein auferlegen. Mir macht es den Eindruck, als stünden wir jetzt in einer Phase ruhiger Ausbreitung bei wenigem Gefälle u. dann würde ein stürmischerer Ablauf erfolgen, bei dem der Verein ein gutes Stück der Triebkraft repraesentieren wird.»

Was meine Reserve gegen den Verein betrifft, so steht es damit so, daß sie, wie bereits erwähnt, fast von Anfang an bestanden hat und Freud sie erst jetzt bemerkte. Es war mir immer schmerzlich, und nach Freuds Besuch in Kreuzlingen erst recht, daß ich keinen Posten in seinem «Reich» übernehmen konnte. So wichtig der «Verein» für Freud selbst als den Gründer und Wahrer des «Reichs» war und so wenig ihm angesichts der gleich wieder zu vernehmenden Verhetzung etwas anderes übrig blieb, als die so verstreuten Anhänger der Psychoanalyse in einem Verein zusammenzuschließen, so ausgeschlossen war es für mich, anders als mit wissenschaftlicher Mitarbeit im Verein aufzutreten. Um nicht gar zu schlecht dazustehen, muß ich hinzufügen, daß ich bis heute immerhin offiziell der Schweizer Gruppe der Internat. Psychoanalytischen Vereinigung angehöre.

Weiter schreibt Freud, von den «Reibungen in Zürich» sei er gar nicht mehr unterrichtet. Ich erinnere mich nicht, ob es sich dabei schon um gewisse «dissidente» Absichten handelte, wie sie im Laufe des nächsten Jahres in Erscheinung traten. In Wien habe er Ruhe, «nur daß infolge der *erbitterten Hetze*[1] der Zulauf nicht groß genug ist, um die Kollegen gut zu versorgen». Ich weiß aus Freuds eigenem Munde, wie hoch er es den jüngeren Kollegen in Wien anrechnete, daß sie sich trotz der Hetze und der damit zusammenhängenden finanziellen Schwierigkeiten nicht abhalten ließen, ihm Gefolgschaft zu leisten.

In seinem letzten Brief in diesem Jahr – 26. Dezember 1911 dankt er für meinen Weihnachtsgruß, «zufällig den einzigen aus unserem Kreise», gratuliert mir, meiner Familie und der Anstalt für 1912 und äußert die Zuversicht, daß ich die Anerkennung der Psychoanalyse noch erleben und mich freuen werde – womit er sehr recht hat –, in meiner Jugend «zu den Aufrührern gehört zu haben. Um mich sorgen Sie sich nicht; ich kann gar nicht wünschen, *so alt*[2] zu werden.» Dann kommt er wieder auf die «kränkenden Vorgänge in Zürich» zurück: «Aber ich kenne Bl. zu gut, um Jung dafür verantwortlich zu machen. Es ist mir mit Breuer auch nicht besser gegangen, ich wollte gerne dankbar sein, aber er wollte nicht.»

So schließt die Korrespondenz dieses Jahres mit einer gewissen Vorahnung der «Vorgänge in Zürich» im Jahre 1912.

Aus dem Jahre 1912 finde ich vierzehn Briefe und eine Postkarte. Außerdem fällt in dieses Jahr Freuds Pfingstbesuch in Kreuzlingen. Das erste Dokument dieses Jahres ist die Kopie eines in die Schreibmaschine diktierten Briefes von mir vom 5. März, in dem ich von einer Blinddarmattacke

[1] Von mir hervorgehoben.
[2] Von Freud selbst unterstrichen.

berichte, ferner mich beklage, daß meine Arbeit nicht vom Fleck rücke und den Zweifel äußere, ob es heute überhaupt schon möglich sei, die psychoanalytische Forschungsrichtung und die Psychiatrie so einander gegenüberzustellen, daß etwas dabei herauskomme. In seinem *Inhalt der Psychose* habe Jung übrigens den Kern der Sache schon ausgesprochen. Von meiner praktischen Tätigkeit berichte ich, daß ich mich fast ganz auf die Rolle des Leiters der Anstalt zurückziehe und nur vereinzelte Fälle behandle, diese aber analysiere. Ferner berichte ich über einen sehr erfreulichen achttägigen Besuch bei Professor Bonhoeffer in Breslau, meinem sehr verehrten ersten psychiatrischen Lehrer (in Heidelberg im Jahre 1904). «Bonhoeffer steht der Analyse jedenfalls nicht feindlich gegenüber und anerkennt zum mindesten die Berechtigung und Notwendigkeit einer solchen Forschungsrichtung, was ja bei einem deutschen Ordinarius schon viel ist.»

Am 15. März 1912 spricht Freud von der unangenehmen Überraschung meiner bevorstehenden Blinddarmoperation, nach welcher es mir hoffentlich ebenso gut gehen werde, wie seiner jüngsten Tochter nach der ihrigen.

«Daß Sie in Ihrer Arbeit nicht weitergekommen sind, kränkt mich, denn nun besorge ich, sie wird überhaupt nicht werden, und dann wird es Ihr Schicksal sein, sich vom Schlachtfeld zurückzuziehen, wozu Sie noch weniger Recht hätten als Ziehen[1].»

Er selbst schreibe jetzt an einem Aufsatz über «das Tabu» der Wilden, der die ΨA in die Völkerpsychologie einschmuggeln solle. Die Imago erscheine demnächst und sei meinem Interesse empfohlen. Im Wiener Verein gehe es lebhaft und doch friedlich zu, «seit die Adler-Pest getilgt ist».

Am 2. April 1912 gratuliert Freud «zur glücklichen Heimkehr nach der Operation». Dabei hatte es sich aber außer der Appendektomie um die Entfernung eines als besonders maligen bekannten Tumors gehandelt. Die damals maßge-

[1] Wohl eine Anspielung darauf, daß Ziehen sich immer mehr von der Psychiatrie ab- und der Philosophie zugewandt hatte. Aber erst 1917 ging er als Professor der Philosophie nach Halle.

bende Kochersche Statistik über die Prognose eines solchen Tumors ließ eine durchschnittliche postoperative Lebensdauer von einem bis drei Jahren offen. Wenn ich «davongekommen» bin, so wohl wegen der vielleicht nur einem Arzt möglichen, ausnahmsweise frühen Entdeckung. Die mir unvergeßliche und mich erst recht an ihn fesselnde Antwort Freuds auf diese Mitteilung lautete (14. April 1912):

«Ich alter Mann, der nicht klagen dürfte, wenn sein Leben in wenigen Jahren abschließt (und auch beschlossen hat nicht zu klagen) empfinde es besonders schmerzlich, wenn einer von seinen blühenden Jungen ihm mitteilt, das Leben sei ihm unsicher geworden, einer von denen, die mein eigenes Leben fortsetzen sollten. Ich habe mich allmählich gefaßt und erinnert, daß Sie trotz der vorhandenen Bedenken ja noch alle Chancen für sich haben und nur auffälliger an die Unsicherheit erinnert worden sind, in der wir alle schweben und die wir so bereitwillig vergessen. Sie werden jetzt nicht daran vergessen u. das Leben wird, wie Sie schreiben, einen besonderen und erhöhten Reiz für Sie haben. Und im Übrigen werden wir hoffen, was der Zustand unseres Wissens uns ja ohne Selbsttäuschung gestattet. Ich halte natürlich das Geheimnis, wie Sie es gewünscht haben, stolz auf den Vorzug, den Sie mir geben. Es liegt aber nahe, wenn ich den Wunsch habe, Sie zu sehen, sobald es ohne Sie zu stören geschehen kann. Vielleicht zu Pfingsten? Sie werden schreiben, ob es Ihnen recht ist. Ich freue mich zu hören, daß der Plan zu Ihrer Arbeit Ihnen jetzt noch näher gerückt ist, will aber gleich alle Ihre anderen Fragen beantworten, die von Ihrem Interesse für alle Vorgänge unseres Kreises zeugen.»

Nun folgt ein sehr interessanter und lehrreicher Passus über Bjerres Aufsehen erregende Arbeit *Zur Radikalbehandlung der chronischen Paranoia* im Jahrbuch III: «Bjerre's Fall halte ich auch nicht mehr für eine Hy, aber sie scheint mir die Bedeutung der Homosex. klar zu erweisen. Die Kranke entgeht der Paranoia, solange sie ein Stück Libido beim Manne unterbringen kann, verfällt ihr sowie sie ganz ans Weib gewiesen wird u. wird durch die Herstellung der Beziehung zum Mann geheilt. Da Bjerre die eigentliche Elementaranalyse der Sexualität unterlassen hat muß er die Lücke im Verständnis durch etwas zuviel Phrasen ausfüllen.» Es folgen nähere Angaben über Silberer und sein starkes «Penchant zum Okkultismus» und darüber, daß er die ΨA nur für seine Lieblingsneigungen verwerte[1]. Jung solle im September an der Fordham-Universität in New York einen Kurs in englischer Sprache beginnen. Da er aber vorher noch in den Militärdienst müsse, bliebe für den Kongreß nur der Termin Mitte August, gegen den er selbst sich aus gesundheitlichen und Ferialmotiven gesträubt habe; infolgedessen falle der diesjährige Kongreß wahrscheinlich aus. Er glaube aber, es sei kein Verlust, alle zwei Jahre scheine günstiger. Mit Jung sei er nicht mehr so zufrieden wie früher. Trotzdem hofft Freud immer noch «auf einen schadlosen Ablauf der ganzen Störung». Die Imago sei erschienen, sein zweiter Aufsatz über das Tabu im dritten Heft werde hoffentlich interessanter sein als der erste.

Im Anschluß an meine unfreiwillige Muße und deren Ausfüllung mit der «Beschäftigung mit einzelnen großen Männern» (deren Namen ich aber vergessen habe) äußert Freud einen für ihn höchst bezeichnenden Gedanken:

Nachdem er gestanden, daß er sich mit den von mir genannten großen Männern sehr wenig und mit der ganzen Gattung auch nicht gerade ausgiebig beschäftigt habe – wozu wir sicherlich ein Fragezeichen anbringen müssen –, fährt er fort: *«Mir kam immer vor, daß die Eigenmächtigkeit u. das selbstverständliche Selbstvertrauen die unentbehrliche Bedingung dessen sei, was uns dann, wenn es zum Erfolg geführt hat, als Größe erscheint, u. ich meine noch, man müsse Größe der Leistung von Größe der Persönlichkeit scheiden[2].»*

Das ist einer der lapidaren Sätze, an denen Freud so reich ist und aus denen allein, wie schon Muschg in seiner hervorragenden Abhandlung über Freud als Schriftsteller *(Die psy-*

[1] Eine viel positivere Bewertung Silberers findet sich in einem Brief an Jung aus dem vorigen Jahr. Vgl. Jones II, S. 499.

[2] Hervorhebung von mir.

choanalytische Bewegung, II. Jg., H. 5, 1930) gezeigt hat, zu erkennen ist, aus welchem «Stoff», um mit Shakespeare zu sprechen, dieser Mann geschaffen ist[1].

Man sieht, wie skeptisch Freud sich gegenüber der sogenannten Größe der großen Männer verhält: «Was uns als Größe erscheint», «erscheint» also nur im Verein mit der Tyche, mit dem vom «Schicksal», nicht von dem Mann allein abhängigen, zufälligen *Erfolg*. Die Trennung von Größe der Persönlichkeit und Größe der Leistung im Verein mit dem Erfolg als notwendiger Bedingung des Erscheinens der Größe zeigt den an Jakob Burckhardt erinnernden Blick des echten Historikers, der sich durch nichts blenden läßt, aber auch nichts übersieht. Freud hat bei diesem seinem Satz sicherlich nicht an sich selbst gedacht oder gewollt, daß man an ihn denke[2]. Und doch spricht er hier das Geheimnis seiner eigenen Größe aus. Denn was ihn in der Geschichte der Menschheit als einen großen Mann weiterleben läßt, sind sowohl seine Persönlichkeit als seine Leistungen und sein Erfolg!

Der Brief schließt mit den herzlichsten Wünschen zu meiner Wiederherstellung und einem Lob meiner «Stimmung».

Am 16. Mai 1912 schreibt Freud, daß sein Pfingstbesuch durch die Erkrankung seiner 77jährigen Mutter in Frage gestellt gewesen sei, weswegen er so lange geschwiegen habe. Jetzt könne er sagen, daß er Freitag den 24. d. Mts. reisen und Samstag bei mir sein werde. Er freue sich auf meine Arbeit und unsere Gespräche «über das, was uns am Herzen liegt, Bleuler, Jung u. die allgemeine Weltlage».

Freuds Besuch in Kreuzlingen vom 25. bis 28. Mai 1912. Leider habe ich damals noch kein Tagebuch geführt. Ich bin daher mit einer Ausnahme auf mein Gedächtnis angewiesen, das zwar gewisse Einzelheiten sehr deutlich festgehalten hat, mich aber über vieles völlig im Stich läßt. Jedenfalls sehe

[1] Vgl. auch meine Wiener Festrede zu Freuds achtzigstem Geburtstag, in der ich jenen Satz bereits zitiert und erläutert habe (*Ausgew. Vorträge und Aufsätze*, Bd. I, S. 182).

[2] Vgl. zum Ganzen jetzt auch Jones II, S. 461 f.

ich Freud, von St. Margrethen kommend, sehr frisch und jugendlich aus dem Zuge steigen. Ich war glücklich über sein Kommen und nur das Gefühl, ihm das Opfer an Zeit und Mühe nicht vergelten zu können, bedrückte mich. Freud fühlte sich rasch bei uns zuhause. Zu meiner Frau war er die Liebenswürdigkeit und Rücksicht selbst. Für den vierjährigen Sohn und seine «große Mutterbindung» zeigte er ein besonderes Interesse und eine große Erwartung. Wir machten Spaziergänge an die Konstanzer Bucht, eine Autofahrt an den Untersee, der ihn besonders entzückte[1], nahmen die Mahlzeiten gewöhnlich im engsten Familienkreise ein, einmal auch abends auf unserem Familienbesitz, wo meine Stiefmutter, die Witwe meines Vaters[2], einen größeren Kreis um Freud versammelte. Auch dort sehe ich ihn noch vor mir. Er war besonders aufgeräumt und gesprächig. Ich las ihm einmal aus meiner Arbeit vor und glaube mich zu erinnern, den Eindruck gehabt zu haben, daß er mit höflichem Interesse zuhörte, jedoch viel lieber etwas von Analysen als von wissenschafts-theoretischen Untersuchungen vernommen hätte. Einmal frug ich ihn, wie er zu seinen Patienten stünde. Antwort: «Den Hals umdrehen könnte ich ihnen allen.» Mein Gedächtnis täuscht mich hier sicher nicht. Aber trotz allem, was er selbst über seine mangelnde Befähigung zum Arzt sagte, und was Jones auch so gewissenhaft referiert, glaubte ich ihm doch nur halb, zu sehr «im Bilde» darüber, wie er sich für einzelne seiner Patienten in jeder Hinsicht aufgeopfert hat. Nach seiner Rückkehr nach Wien schickte mir Freud Victor Hugos *Notre Dame de Paris*. Da wir merkwürdigerweise nie darauf zurück kamen – einen Dank hatte er sich ausdrücklich verbeten –, erfuhr ich erst aus der Biographie von Jones[3], daß Freud dieses Buch anfänglich nicht hoch geschätzt, dann aber der ganzen «Neuropathologie vorgezogen» habe, wie ich annehme, auf Grund seiner auf-

[1] Vgl. hiezu Jones II, S. 104.

[2] «The Queen Widow», wie er sie in einem Brief an Ferenczi humoristisch nannte (ebd.).

[3] Vgl. Jones I, S. 201.

wühlenden Schilderungen der Folgen sexueller Versagung und des Ausmaßes sexueller Phantasien.

Die «Ausnahme», von der ich oben hinsichtlich meiner Erinnerungen an Freuds Besuch sprach, bildet ein Passus in einem meiner Briefe (von 24. Juli 1913), der folgendermaßen lautet:

«Erinnern Sie sich noch an unser Gespräch über die Veranlassung der Trennung und Gegenüberstellung von Libido und Ich auf dem Spaziergang am See bei Ihrem hiesigen Besuch? Ich hob damals hervor, daß es auch Zustände gäbe, wo Libido und Ich in eins zusammenfließen und man die Trennung nicht mehr aufrecht erhalten könne. Sie erwähnten darauf zwei Punkte, die Ihnen Veranlassung zu der Trennung gegeben hätten, und die Sie meines Wissens in der Literatur nicht niedergelegt haben. Der eine war, wenn ich mich recht erinnere, der, daß Sie sagten, die Trennung müsse schon aus der Beobachtung erfolgen, daß, wenn sich die Libido einer Funktion oder Innervation in pathologischer Weise bemächtigt habe – Sie erwähnten, glaube ich, als Beispiel die Funktion des Gähnens –, das Ich keine Macht mehr über diese Funktion ausüben könne. Erinnern Sie sich noch?»

Eine Antwort auf diese Frage finde ich leider nicht in meinen Papieren.

Im ersten Brief *nach dem Besuch* (14. Juni 1912) überrascht mich Freud folgendermaßen: «Denken Sie an folgende merkwürdige Frucht meines Besuches bei Ihnen! Ich konnte Ihren Brief ohne Schwierigkeit lesen, wenngleich ich gar nicht sicher bin, daß er deutlicher geschrieben war als früher.» Obwohl ich kein großes Vertrauen in die Langlebigkeit dieser «Frucht» hegte, machte sie mir, wie ich mich genaue erinnere, fast eine ebenso große Freude wie der Besuch selbst, nahm ich sie doch als Zeichen dafür, wie ich Freud am 29. Juni schrieb, «daß er einige Widerstände gegen mich aufgegeben habe!». Ich fuhr dann in diesem Brief fort: da ich einmal bei *seiner* Analyse sei, müsse ich ihm auch sagen, wie sehr mir bei der neuerlichen Lektüre der Traumdeutung sein «enormer Wille zur Macht, konkreter zur Beherrschung der Menschen» aufgefallen sei. «Sie sind ein geborener Herrscher und daß Sie diesen Herrschtrieb auf die psychische Beherrschung der Menschen hinübergeleitet haben, war eine besonders gelungene Sublimierung!» Wie sehr dieser Trieb mit seinem Vaterkomplex zusammenhinge, sei ja wiederum aus der Traumdeutung ersichtlich. Da ich Freud nun einmal meinerseits «zur Rechenschaft zu ziehen» im Zuge war, frug ich ihn auch, warum er eine so große Aversion gegen Dankbezeugungen habe, was nicht nur mir, sondern auch andern aufgefallen sei. – Zum Schlusse gebe ich noch mein in sachlicher und persönlicher Beziehung sehr scharfes Urteil über Adlers *Nervösen Charakter* ab. – All das mußte erwähnt werden, um Freuds Antwort vom 4. Juli 1912 zu verstehen. Man sieht aus ihr wiederum, wie großzügig, sachlich und überlegen er auf den analytischen Vorstoß des so viel jüngeren Freundes reagierte, aber auch wie aufschlußreich diese Reaktion für die Beurteilung seiner Persönlichkeit und sein Leben ist: Die Antwort lautet:

«Ich bin sehr überrascht durch die Beiträge zu meiner Selbstanalyse, die Sie mir spenden, u. hoffe etwas aus ihnen zu lernen. Ich getraue mich nämlich nicht, Ihnen in Bezug auf den Machtwillen zu widersprechen, – weiß aber nichts davon. Ich vermute seit langem, daß nicht nur das Verdrängte ubw. ist, sondern auch das Herrschende unseres Wesens, das Eigentliche unseres Ich, – unbewußt aber nicht bewußtseinsunfähig. Ich leite dies davon ab, daß das Bw doch nur Sinnesorgan[1] ist: nach einem Außen gerichtet ist, so daß es stets an einem selbst nicht wahrgenommenen Stück des Ich hängt. – – – Wenn Sie mit dem Machtwillen Recht haben, so hat sich die Verschiebung aufs Seelische vollzogen, weil mir zur Realisierung der direkten Ziele alle Mittel fehlten, Kraft, Schönheit, Geld usw.

Das Motiv für die Ablehnung des Dankes durchschaue ich leichter. Man hat mich auf diesen Zug schon aufmerksam gemacht. In den meisten Fällen bedeutet er etwa das Schillersche: den Dank, Dame, begehr' ich nicht. Das heißt, seit meinem 14. Jahr habe ich es üben müssen, geliebte Personen,

[1] Dieser, aus dem Primat des Es resultierenden, topographisch-ökonomischen Ansicht konnte ich mich nie anschließen.

Mutter, Schwestern, später Frau, Kinder dazu mit Geld zu unterstützen, u. heute erschöpft sich die Libido des alten Mannes natürlich im Geldvertheilen. Also Motiv genug, die auf solches Schenken gegründeten Liebesansprüche zu hemmen. Hierher gehört auch der zum Paradigma dienende Traum in dem kleinen Traumaufsatz in den Grenzfragen[1]. Ich danke Ihnen dafür, daß Sie mich so interessant finden.

Für Adler haben Sie gewiß das richtige Wort geprägt. Da ich das Buch nicht bekommen habe, nehme ich mir den Exzeß von persönlicher Freiheit heraus, es nicht zu lesen. Leider fügt sich Jung da assoziativ an. Sie wissen, ich bin nicht Ihrer Ansicht in Betreff des mediz. Monopols an der ΨA. Gegen Pfister aber jetzt so Partei zu nehmen, ist besonders grausam. Was ich über Jung u. die Vorgänge in Z. höre, läuft alles auf denselben Eindruck hinaus»[2]. «Schrieb ich Ihnen wirklich etwas von einem neuen Einfall?[3] Es war eine Kleinigkeit, eine Einheit zwischen der Kästchenszene im Kaufmann von Venedig, dem Urteil des Paris und der Eingangsszene des Lear. Es ist im Ganzen erledigt, es wäre angenehm auf dem Spaziergang längs des Sees davon zu handeln, nicht wichtig genug zum Schreiben.» –

Schließlich kommt Freud nochmals auf das Buch über das Inzestproblem von Rank zu sprechen, von dem er viel Gutes erwarte. «Er (Rank) ist ein anständiger Mensch und feiner Kopf.»

Der Brief vom 22. Juli 1912 enthält die Abschrift eines kurzen Briefes von Jung an Freud, in dem ersterer schreibt,

[1] *Über den Traum.* Grenzfragen des Nerven- und Seelenlebens, 11. Aufl., Wiesbaden 1901, sowie *Ges. Schr.* III. Der Traum und seine Analyse findet sich hier S. 194 ff. Weitere Einfälle S. 218 u. 237.

[2] Ich selbst war *damals* im Prinzip auch gegen die Laienanalyse, in dieser Hinsicht also auf Seiten Jungs. Diese Differenz gegenüber Freud schien mir aber nie ein Grund zu sein für den Austritt aus der Internat. Vereinigung.

[3] In seinem vorhergehenden Brief hatte er von «einem dummen Einfall», einem «Privatvergnügen wie dem Leonardo», berichtet, ohne zu verraten, worum es sich handelte. – Die «Kleinigkeit» ist die tiefsinnige, für Freuds Arbeitsweise sehr charakteristische, schöne Studie «Das Motiv der Kästchenwahl» *(Ges. Schr.* X, S. 242–256).

er verstünde jetzt «die Geste von Kreuzlingen»[1]. Am 29. Juli 1912 spricht Freud von Karlsbad aus näher über sein Verhältnis zu Jung. Er wolle nichts tun, was einem Bruch zutreibe; am liebsten würde er das Sachliche völlig vom Persönlichen getrennt halten. Ich täusche mich völlig in der Annahme, daß er unter Jungs Benehmen leide:

«Ich bin ganz unbeteiligt. Durch frühere Erlebnisse gewarnt und stolz auf meine Elastizität habe ich bei den ersten Anzeichen schon vor Monaten meine Libido von ihm abgezogen u. entbehre jetzt gar nichts. Ich habe es auch diesmal leichter, zur Verteilung u. Unterbringung der frei gewordenen Quantität habe ich Posten wie Sie, Ferenczi, Rank, Sachs, Abraham, Jones, Brill u. a. offen.» In bezug auf Maeder heißt es: «Was müssen das für seichte Erfahrungen sein, nach denen der Zweifel an den infantilen Komplexen möglich bleibt! Und wie weit weg von der Erkenntnis des Ubw, die unser Stolz ist, müssen sie geraten sein, wenn sie sich wie unsere einfältigsten Gegner auf den Rassenunterschied werfen wollen. Ernsthaft daran ist nur eines: Semiten u. Arier / oder Antisemiten, die ich im Dienste der ΨA zur Verschmelzung bringen wollte, sondern sich wieder voneinander wie Öl u. Wasser.»

Darauf folgen kritische Bemerkungen über einen Aufsatz von Riklin in Glauben und Wissen, mit dem Titel: «Oedipus und die Psychoanalyse.» – Ihm selbst gehe es in Karlsbad vortrefflich; er sei für alle Kämpfe gerüstet. An den Beginn meiner Arbeit denke er noch oft. – Von Bozen berichtet er unterm 2. September 1912, daß eine neuerliche Erkrankung seines Ältesten ihn nach Wien zurückrufe, weswegen er auch eine Reise nach London zu Jones bereits abgesagt habe.

Am 22. September 1912 schreibt Freud aus Rom: «Eine Zeile Ihres Briefes brachte mich in die Versuchung nach Konstanz

[1] Im vorhergehenden Brief hatte Freud berichtet, Jung – der ja nicht wissen konnte, was der Anlaß des Besuchs von Freud bei mir war – habe ihm Vorwürfe gemacht, daß er nicht nach Zürich gekommen sei und er habe sein Ausbleiben mit Freuds Unzufriedenheit über seine neue Libido-Theorie erklärt. Vgl. auch unten S. 63.

zu telegraphieren: Auch ich bin in Italien! Kommen Sie hierher ins Hotel Eden, Via Ludovisi. Daß ich's unterließ, hatte nur zum Teil seine Begründung in der Erwägung, daß meine Gesellschaft Anstrengung und nicht Erholung für Sie bedeuten würde; der stärkere Grund war, daß ich mich selbst sehr schlecht befand. Ich habe einige Wochen elender Gesundheit hinter mir mit Diagnose ungeklärt wie gewöhnlich. Wenn man ex juvantibus schließen darf, so habe ich nach Karlsbad mein gewohntes Rauchen u. den Alkohol, der im Tirol dazu kam, plötzlich nicht vertragen. Also hat wol das Herz rebelliert; psychische Einflüsse wird sich jeder dazu konstruieren, nur bitte ich, Jung nicht zuviel zu beschuldigen. Genug, ich erhole mich hier nach verschiedenen Rückfällen u. glaube jetzt, nachdem ich auch den roten Römerwein fast abgeschworen, auf dem Wege zur früheren Verfassung zu sein. Ich bin sehr glücklich in Rom, eigentlich jedesmal, dieses ganz besonders.» Ferenczi habe ihn in diesen schlechten Zeiten durchaus begleiten wollen. «Jung gegenüber», so heißt es weiter, «bin ich zu jedem Schritt der eine äußerliche Versöhnung anbahnt, gerne bereit, innerlich wird sich bei mir aber nichts mehr ändern.» «Die Abhandlung (gemeint ist wohl diejenige über Wandlung und Symbole der Libido, deren I. Teil 1912 im III. Band des Jahrbuchs erschien) habe ich endlich, sie ist durchaus diskutabel, gäbe gar keinen Anlaß zu einem persönlichen Konflikt, so wenig wie seine früheren Irrtümer (ich halte auch die neue Ansicht für irrig). Das kann in aller Ruhe behandelt werden.»

Der folgende Brief vom 15. Oktober 1912 klingt in jeder Hinsicht sehr erfreulich:

«Jetzt sind Sie gewiß auch heimgekehrt u. der Sommer liegt wie ein schöner Traum hinter Ihnen. So geht es auch mir; nicht alles an dem Traum war schön, aber die letzte Spanne in Rom war es[1]. Als Ihr Brief aus Mailand eintraf, hatte ich das Schlafbillet bereits in Händen, konnte also nichts mehr ändern u. war darauf gefaßt, Sie in Venedig zu verfehlen. Ich hoffe, Sie haben es sehr genossen und den

[1] Vgl. zu dieser Rom-Reise (1912) Jones II, S. 107 ff.

Reflex der Schönheit Italiens von Ihrer Frau dazu.» Zuhause bei ihm sei jetzt alles in Ordnung, er selbst auch. Die Arbeit sei bereits beim Äußersten angelangt, die mitgebrachte Erfrischung inspiriere noch einige literarische Vorsätze. Dann folgt die «überraschende» und «erfreuliche» Nachricht, daß Kraus in Berlin ihm für sein großes Handbuch der internen Medizin die Hysterie und Zwangsneurose angeboten habe. «Ich habe angenommen u. somit erlebt, daß die ΨA von Berlin aus offiziell gemacht wird.»

Der Brief vom 3. November 1912 führt die Gründe auf, warum Freud sich von Stekel und dem Zentralblatt getrennt hat und beabsichtigt, ein neues Organ zu gründen, wahrscheinlich mit Ferenczi als Redaktor. Er sei sehr froh, denn Stekel sei immer «eine Prüfung» gewesen, «zuletzt ganz unerträglich. Seine Eifersüchtelei kannte kein Maß mehr und seine Selbstüberschätzung gieng ins Groteske.» Ich werde ein Zirkular erhalten mit der Aufforderung, meinen Namen vom Zentralblatt wegzunehmen und dem neuen Organ zu leihen, was ich denn auch tat. – Er selbst ersticke in Arbeit.

Zum «Fall Stekel» schrieb ich Freud am 6. November 1912 – ich besitze noch die Schreibmaschinenkopie – ich freute mich, daß er tabula rasa gemacht habe, wunderte mich aber, daß er so spät zur Erkenntnis komme in bezug auf einige seiner Wiener Schüler. Ich hätte mich immer über die Zähigkeit gewundert, mit der er «an denjenigen festhielt, die ihn so schlecht machten»! Sodann bitte ich Freud dringend, aber natürlich erfolglos, sein eigener Redaktor für die neue Zeitschrift zu sein. Ich hätte Ferenczi gern, fände ihn aber bisweilen allzu «spekulativ».

Unter dem Datum des 28. November 1912 kommt die überraschende Nachricht, daß «das Konzil in München» einen glänzenden Verlauf genommen habe, dank des außerordentlichen Entgegenkommens aller Kollegen, die Züricher mit dabei. Die neue Zeitschrift komme in jeder Hinsicht an die Stelle des Zentralblattes.

«Jung war sehr – liebenswürdig u. hat sich in einer Stunde privater Unterhaltung von der geringen Berechtigung seiner Beschwerden gegen mich voll überzeugen lassen. Die ‚Geste von Kreuzlingen', die er mir immer vorgeworfen, beruhte auf einer unglaublichen Symptomhandlung von seiner Seite[1], die mündlich einen guten Stoff abgäbe. Ich glaube, es wird jetzt alles gut gehen. Die theoret. Differenzen sollen nur bestehen bleiben bis sie durch Diskussion in Arbeiten u. auf dem Congreß aufgehoben werden können. Ich bin zwar gottsfroh, Stekel gegen die Züricher vertauscht zu sehen, aber noch sehr müde von den Anstrengungen der letzten Wochen.»

Der letzte Brief des Jahres 1912 (16. Dezember) beginnt mit einer Anerkennung meines Mutes, «wie ihn der Mann haben soll» und damit, daß ich Recht habe, von der noch über mir schwebenden Unsicherheit «so zu abstrahieren, wie wir Leichtsinnigen alle von der unsrigen». Daran schließen sich wichtige Bemerkungen über seinen bei Jones[2] nachzulesenden Anfall in München:

«Ich bin darauf gefaßt, daß ich auf Grund meines Anfalles in München für einen Kandidaten der Ewigkeit erklärt werde. Stekel schrieb unlängst über mich, mein Benehmen zeige schon den ‚hipokritischen Zug'. Sie können es alle kaum erwarten, aber ich kann ihnen antworten wie Mark Twain in ähnlichem Fall: ‚Nachrichten von meinem Tod stark

[1] Vgl. hiezu Jones II, S. 164 f.: «Freud and Jung then took a walk together for the two hours before lunch. This was the opportunity to find out about the mysterious ‚gesture of Kreuzlingen'. Jung explained that he had not been able to overcome his resentment at Freud's notifying him of his visit there in May two days late; he had received Freud's letter on the Monday, the day Freud was returning to Vienna. Freud agreed that this would have been a low action on his part, but was sure he had posted the two letters, to Binswanger and Jung, at the same time on the Thursday before. Then Jung suddenly remembered that he had been away for two days on that week-end. Freud naturally asked him why he had not looked at the postmark or asked his wife when the letter had arrived before levelling his reproaches; his resentment must evidently come from another source and he had snatched at a thin excuse to justify it. Jung became extremely contrite and admitted the difficult traits in his character. But Freud had also steam to let off and did not spare him a good fatherly lecture. Jung accepted all the criticisms and promised to reform.»

[2] Vgl. Jones I, S. 348.

übertrieben'. Ich arbeite vielmehr – endlich – an der dritten der Übereinstimmungen für die Imago, die mir den Weg zur vierten, auf die ich mich sehr freue, bahnen soll ... Von Bleuler habe ich gehört. Er hat sogar gedroht, mich um spezielle Aufklärungen zu bitten, wozu ich sehr gerne bereit bin. Er thut immer so, als verstünde er plötzlich dies oder jenes nicht. Unsere Zeitschrift ist im Druck u. und wird im Januar erscheinen.»

Freud scheint mir hier zu scharf mit Bleuler ins Gericht zu gehen. Gab es doch damals für uns alle immer wieder etwas, für das wir um Aufklärung bitten mußten.

Das Jahr 1913, in das sieben Briefe, eine Karte und mein Besuch mit Paul Häberlin fallen, beginnt wieder mit einem Glückwunsch zum neuen Jahr (vom 1. Januar 1913): «Möge es Ihnen die Überwindung unserer Besorgnisse bringen!» Nach Bemerkungen über eine gemeinsame Patientin kommt Freud nochmals auf seinen Münchner «Schwindelanfall» zu sprechen, in dessen Beurteilung ich ihm durchaus folge:

«Mein Schwindelanfall in München ist sicherlich psychogen provoziert gewesen und somatisch sehr gut unterstützt (durch eine Woche großer Plackerei, schlaflose Nacht, Migraineaequivalent, die Aufgaben des Tages). Ich hatte schon mehrere solche Zustände[1], jedesmal ähnlich gestützt, oft durch eine Spur Alkohol, gegen den ich ganz intolerant bin. Zum Psychischen gehört, daß ich in demselben Lokal in München bereits zweimal, vor 6 und 4 Jahren, ganz ähnlich reagiert habe. Eine ernstere Bedeutung, etwa auf Herzschwäche, scheint bei der strengsten Kritik nicht recht haltbar. Zurückgehaltene Gefühle diesmal gegen Jung wie früher gegen einen Vorgänger von ihm, spielen natürlich die Hauptrolle.» Dann heißt es weiter:

«Das in München hergestellte Einvernehmen wird kaum von langer Dauer sein. Sein Benehmen schließt es aus. Ich will auf jede Art persönlicher Beziehung zu ihm gerne verzichten u. nur die Vereinsgemeinschaft aufrecht halten. Ich wüßte übrigens nicht, was an meinem Besuch in Kreuzlingen

[1] Vgl. Jones II, S. 28 f., 61, 165.

ihn so aus dem Gleichgewicht gebracht hätte. Dort sagte er's direkt, er habe angenommen, ich konspiriere gegen ihn mit seinen Feinden, Ihnen und Haeberlin! Ich bitte Sie durch strenge Diskretion in allem, was mich u. ihn betrifft, die Entwicklung des Prozesses zu verzögern.»

Am 20. Februar 1913 schreibt Freud, «fröstelnd von Influenza und zu jeder sonstigen Arbeit unfähig», daß sich seine Aufgaben in den letzten Wochen nur noch gesteigert hätten, so daß er «meist mit dem Tag um die Existenz ringe». Trotzdem berührt der Brief drei sehr wichtige Themen. Das erste betrifft die *homosexuelle Objektwahl,* mit deren Auffassung ich (in einem meiner Briefe) gewiß Recht hätte, «und vielleicht noch weiter als Sie meinen. Das Objekt ist auch bei den meisten Normalen eine bisexuelle Wunscherfüllung und beständig wird vom Mann aufs Weib u. umgekehrt transponiert. So einfach wie die homosex. Wortführer es darstellen, ist die Sache längst nicht mehr.»

Das zweite Thema betrifft «das Problem der *Gegenübertragung»,* das ich angerührt hätte. «Es gehört zu den technisch schwierigsten der ΨA. Theoretisch halte ich es für leichter lösbar. Was man dem Pat. giebt, soll eben niemals unmittelbarer Affekt, sondern stets bewußt zugeteilter sein, und dann je nach Notwendigkeit mehr oder weniger. Unter Umständen sehr viel, aber niemals aus dem eigenen Ubw. Dies hielte ich für die Formel. Man muß also seine Gegenübertragung jedesmal erkennen, u. überwinden, dann erst ist man selbst frei. Jemandem zu wenig zu geben, weil man ihn zu sehr liebt, ist ein Unrecht an dem Kranken und ein technischer Fehler. Leicht ist das alles nicht und vielleicht muß man dazu auch älter sein.»

Das dritte Thema betrifft «die *Kastrationsphantasien.* Sie sind bei Frauen enorm häufig, gewiß nicht hinter jedem Erbrechen zu suchen. Auf Penisneid und Castrationsangst reduziert sich alles Richtige z. B. an den Adler'schen Annahmen.»

Zu Unrecht schließt Freud diese so klaren Ausführungen mit der Bemerkung, er sehe, daß er heute «auch zum Briefschreiben nicht gut genug» sei. Der Empfänger des Briefes hätte ihm am liebsten Abbitte dafür geleistet, daß er überhaupt der Anlaß zur Abfassung eines Briefes in diesem Zustand gewesen war!

Im folgenden Brief (25. Februar 1913) gratuliert Freud zur Geburt unseres zweiten Sohnes und zum «allseitigen Wohlbefinden». Er hofft, daß wir die Sorge bald definitiv bannen und dann auch meine Arbeit fertig sehen werden. Ferner glaubt er, ich stünde zu sehr unter dem Eindruck von Jung und seinem Einfluß auf Zürich. Das imponiere ihm sehr wenig. Wenn sich Jung mit seinen Neuerungen auf dem Holzweg befinde, wie sehr wahrscheinlich, werde ich bald erleben, ein wie geringer Einfluß auf die sehr lebhafte Entwicklung der Psychoanalyse von ihm und Zürich ausgehen werde. Die Züricher Gruppe überschätze ihre Bedeutung, woran aber er selbst viel Schuld habe. Jung sei ihm persönlich so völlig entbehrlich geworden, daß er sich kaum in die frühere Situation zurückfinden könne. Er schließt mit herzlichen Grüßen an meine «tapfere Hausfrau».

Am 27. März 1913 stimmt Freud der Ankündigung meines Besuches mit Paul Häberlin zu, und zwar so, daß ein Sonntag in unsere Anwesenheit falle. Man müsse sich von Zeit zu Zeit sehen, Briefverkehr sei kein Ersatz. Die Revanche für seinen Pfingstbesuch sei eine schöne Idee. Wieviel erfreulicher sähe aber alles bei mir aus als damals. Er habe in der Zwischenzeit äußerlich und innerlich soviel erlebt, daß ich mir leicht erklären werde, ihn gealtert zu finden (was dann aber keineswegs der Fall war!). Der Kern sei, so glaube er, manchmal noch gut, andere Male zweifle er daran. «Die Verzerrungen meiner ΨA sind mir natürlich nicht gleichgültig.» Er sage sich dann, daß er sich für ihre weiteren Schicksale nicht verantwortlich fühlen könne und daß es den vielen Feinden unter den Anhängern vielleicht doch nicht gelingen werde, sie ganz ad absurdum zu führen. – Frau Professor sei leider abwesend in Hamburg bei der jüngst verheirateten Tochter, aber seine Schwägerin werde das Haus repräsentieren. – Ob ich wohl meine Arbeit mitbrächte? «Für den versprochenen Beitrag viel Dank. Wir sind schon daran gewöhnt, von den Schweizern *nichts* für unsere Zeitschrift zu erwarten.»

Eine Postkarte vom 21. April 1913 enthält den Dank für meine «wirklich lehrreiche, klare und gute Kritik» (einer Arbeit von Jaspers über verständliche und kausale Zusammenhänge zwischen Schicksal und Psychose bei der Dementia praecox (Schizophrenie) in *Z. Neur.* XIV, H. 2), «auch als Symptom der Betheiligung an der Zeitschrift erwünscht»[1]. Auch hier wüßte ich nicht zu sagen, wie weit das Lob Freuds rein sachlich bedingt, wie weit es als Aufmunterung gemeint war. Bei der zwischen uns herrschenden Aufrichtigkeit ist es aber sicherlich nicht nur das letztere. Ich selbst halte den Inhalt meiner damaligen Ausführungen nicht mehr aufrecht, soweit er das Prinzipielle betrifft (vgl. hiezu «Lebensfunktion und innere Lebensgeschichte» im I. Bd. meiner *Ausgewählten Vorträge und Aufsätze*).

Er selbst, so fährt Freud fort, arbeite «krampfhaft» am Totemismus, «um etwas freier zu sein, wenn Sie kommen». Über den Besuch selbst vgl. oben S. 19 f.

In einem Brief vom 24. Juli 1913 berichte ich Freud, daß ich mein Kapitel über die klinische Psychiatrie noch einmal umgearbeitet und die Kapitel über Naturwissenschaft und Psychologie und über Psychologie und Psychoanalyse nahezu beendigt hätte. Das Hauptkapitel über klinische Psychiatrie und Pyschoanalyse bleibe mir aber noch übrig. Man sieht, wie sehr mich das wissenschafts-theoretische Interesse oder, wenn man lieber will, das Interesse für die Wissenschaft als «Theorie» (im weitesten Sinne des Wortes) und für die genannten Wissenschaftszweige im speziellen gepackt hatte. Es führte mich immer tiefer in die Frage nach der philosophischen Voraussetzung oder dem transzendentalen Entwurf, der jeder Wissenschaft als Grundlage dient, zuerst über den Neukantianismus – ich war schon auf dem Gymnasium ein begeisterter Bewunderer der Kritik der reinen Vernunft –, dann über die Phänomenologie Husserls zur Daseinsanalytik Heideggers und Szilasis. Das hat mich zwar nie von der praktischen Betätigung der Psychoanalyse abgehalten, wohl aber mit der Zeit, wie sich zeigen wird, «theoretisch» über

[1] *Internat. Zschr. f. Psychoanalyse,* I. Jg., 1913, S. 383–390.

sie hinausgeführt. Daß die Freundschaft mit Freud daran nicht zerbrach, ja, wie sich ebenfalls zeigen wird, überhaupt nicht davon berührt wurde, ist, wie diese Freundschaft selbst, eines der größten Geschenke meines Lebens. –

In zwei Briefen aus Marienbad (vom 7. und 27. Juli 1913) spricht Freud von seiner dortigen «angenehmen Verblödung» und kommt er rührenderweise immer wieder auf die Hoffnung der Befreiung von Befürchtungen für mein Leben zurück. Ferner gibt er seiner Freude Ausdruck über die «sehr schöne Zeit» mit seiner «wiedergewonnenen Tochter» und seinem Schwiegersohn aus Hamburg, beklagt sich aber, daß alle schöne Zeit so schnell vergehe und die Arbeitszeit so lang sei. «Manchmal möchte ich schon pensioniert sein u. anderen die Arbeit überlassen. Aber wer wird mich denn von Sterblichen pensionieren? Unser Kongreß (in München) wird mindestens persönlich sehr interessant werden. Können Sie Haeberlin nicht mitbringen? Vielleicht ist er bis dahin ernannt.» (Ein Zeichen, daß er ihn schätzen gelernt hatte. Leider konnte Haeberlin aber nicht erscheinen.) Über die Totemarbeit müsse ich ihm noch mehr sagen. Er hatte sich zwar über meinen in einem früheren Brief geäußerten Beifall gefreut, spürte aber vielleicht doch eine gewisse Reserve. Sie galt aber nur der in meinen Augen zu «spekulativen» Annahme über die Urhorde und was damit zusammenhing. Er selbst sah in den Totemarbeiten, von seinem Standpunkt aus durchaus mit Recht, «einen großen Stoß», an den sich mancherlei anknüpfen werde.

Im letzten Brief dieses Jahres (7. Dezember 1913) findet Freud es «kränkend», daß meine Arbeit noch nicht erschienen ist. Gerne hätte er sie für das Jahrbuch 1914 erbeten, «wenn sie eben existierte».

«In der Stille, die jetzt eingetreten ist, erholen wir uns sehr von den Eindrücken in München», wo der Kongreß dieses Jahres stattgefunden hatte, im selben Hotel, in dem damals auch «der böse Geist Hoche» wohnte. Von dem Kongreß ist mir nicht viel im Gedächtnis geblieben. Den persönlichen Auseinandersetzungen hatte ich nicht beigewohnt. Freud schreibt weiter, er werde «die Abschüttelung der Züricher», die er dort begonnen, als sie sich fälschlich als seine Anhänger und Fortsetzer ausgaben, bald weiter verfolgen. Das Jahrbuch habe er jetzt übernommen und gedenke es würdig zu halten. Abraham und Hitschmann würden Redakteure sein. Ihn selbst beschäftige gegenwärtig die 4. Auflage der Traumdeutung. Seine Familie sei in voller Auflösung, ein Sohn studiere jetzt in München, ein anderer sei Dr. iur. geworden und ginge nach Berlin, der dritte werde sie in Jahresfrist als Ingenieur verlassen. «Dann behalte ich nur die eine Tochter (Anna), mit der sich Häberlin unterhalten hat. Sie sind aber alle heiter und tüchtig.»

So schließt das letzte Friedensjahr für Freud und die Seinigen glücklich ab.

Das Jahr 1914 bringt nur fünf Briefe; der letzte ist vom 29. September. Ich nehme das Wichtigste voraus: den mit fünfzehn gegen eine Stimme beschlossenen Austritt der Zürcher Gruppe aus der Internationalen Vereinigung. Ich teile diesen Beschluß Freud unterm 22. Juli 1914 mit, hinzufügend, ich wisse nicht, ob diese eine Stimme die meinige sei, da ich nicht an der Sitzung teilnehmen konnte, aber Maeder, dem Vorsitzenden, telephonisch mitgeteilt hatte, daß ich *gegen* die Lostrennung stimmte. Einer der Beweggründe der Zürcher sei «die Gefährdung der freien Forschung». Ich hoffe, daß schon mein Beispiel zeigt, wie es mit dieser Begründung stand. Ich frug Freud zugleich um Rat, ob ich nun der Wiener oder der Berliner Gruppe beitreten könne. Schon am 25. Juli 1914 antwortete Freud sehr humoristisch-sarkastisch wie folgt:

«Wie urkomisch, daß gerade Sie von allen Zürichern mir den Gefallen nicht thun wollten, wegen dessen ich die Geschichte der ψα Bewegung geschrieben habe! Und welches Glück, daß Sie so wenig Einfluß in Z. haben! Ich brenne auf die offizielle Nachricht, daß wir die ‚Unabhängigen' losgeworden sind. Ihrem Übertritt in eine andere Gruppe steht natürlich nichts im Wege. Ich weiß auch, daß Sie nicht der Einzige sein werden. Über den Fortbestand der Int. nat. ψα Ver. wird der Kongreß debattieren, da dieses Thema zur Diskussion gestellt ist. Ich glaube, die Notwendigkeit wird sich darthun lassen und Jungs Abfall als Episode in den Schatten treten.»

Am 28. Juli 1914 spreche ich Freud die Bitte um Aufnahme in die Wiener Gruppe aus, weil ich durch den Eintritt in dieselbe am ehesten meine Verehrung und Anhänglichkeit an ihn dokumentieren zu können glaubte.

Freuds weitere Briefe handeln wiederum von der Verzögerung meiner «theoretischen» Arbeit – die er so gerne im ersten Band des neuen Jahrbuchs untergebracht hätte – und der baldigen Überwindung meiner vitalen Unsicherheit. Hinsichtlich der ersteren habe ich ihn tatsächlich auf eine enorme Geduldsprobe gestellt. Man kann aber sein geistiges Wachstum – sofern es wirklich ein Wachstum und nicht eine bloße Anhäufung von Wissen bedeutet – ebenso wenig beschleunigen, wie das leibliche. Es sollte bis zum Jahre 1922 dauern, bis meine große, Freud und Bleuler gewidmete *Einführung in die Probleme der allgemeinen Psychologie* erscheinen konnte, in der übrigens von der Psychoanalyse immer noch nicht die Rede war. – In Freuds Brief vom 8. März 1914 fällt die Bemerkung, daß der erste Eindruck von *Rom*, wohin wir im nächsten Jahr gehen wollten, «enttäuschend, eigentlich quälerisch» sei, worin ich ihm recht geben mußte. – Der erste Band des neuen Jahrbuchs enthalte zwei Arbeiten von ihm, die Einführung des Narzismus und die Beiträge zur Geschichte der psychoanalytischen Bewegung, «die in das Verhältnis zu Jung hoffentlich Klarheit bringen werden». Die Rede von Jelgersma als Rektor in Leiden (in der er sich zur Psychoanalyse bekannte) werde ich wohl gelesen haben. Mit Häberlins Ernennung (zum ordentlichen Professor für Philosophie, Psychologie und Pädagogik in Bern) sympathisiere er sehr. Ich solle ihm seine Glückwünsche übermitteln. «Ich hoffe aber nicht» – hoffen hier offenbar im Sinne von erwarten –, «daß er sich als aktiver Förderer der ΨA erweisen wird.» In Hamburg erwarteten seine Frau und er «in nächster Zeit eine Standeserhöhung. Übersetzung in den großelterlichen Rang».

12. Juni 1914. Das neue Jahrbuch würde «hoffentlich eine reinliche Scheidung von den Schweizern ermöglichen». Am

Beitrag für Kraus solle im Sommer gearbeitet werden. Ende September, nach dem Kongreß, werde er einen Vortrag in Leiden halten. Über die Nachricht von einem Vortrag von mir (Psychologische Tagesfragen in der Psychiatrie, gehalten am 2. Juni 1913 an der Versammlung der Schweiz. Gesellschaft für Psychiatrie in Kreuzlingen[1]) habe er sich sehr gefreut, jedoch bedauert, daß ich ihn nicht ins Jahrbuch gegeben, die Psychiater – für die er bestimmt war – hätten ihn ja auch dort lesen können.

Am 29. September 1914, also im letzten Brief dieses Jahres – der nächste traf erst im Januar 1915 ein – beantwortet Freud meine Bitte um Nachricht dahin, daß er nur sagen könne, was ich selbst so vermutet haben dürfte, «daß wir ganz unter dem Eindruck der Ereignisse stehen, uns mühselig zur Fortsetzung unserer Arbeit aufraffen u. einer ganz außerordentlichen Einschränkung unserer aerztlichen Thätigkeit entgegensehen. Mein Ältester ist Kriegsfreiwilliger dz noch in Tirol, meine Tochter ist mit dem Botschafterzug von England heimgekehrt. Unsere Zeitschriften werden ihr Erscheinen fortsetzen, etwas reduziert u. verspätet, das Jahrb. ist längst fertig, wird von Deuticke noch nicht ausgeschickt. Am 7. Okt. wollen wir die erste Vereinssitzung abhalten. Darf ich Sie da, wie verabredet, zum Übertritt anmelden? Ich war vorige Woche in Berlin u. Hamburg und habe mir dort ein Stück Zuversicht geholt.»

[1] *Z. Neur.* 26, H. 5, 1914.

Im ersten Weltkrieg (1914–1918)

Aus dem Jahre 1915 liegen vier Briefe vor, 1916 ein Brief und eine Visitenkarte «mit herzlichem Dank (für den Geburtstagsglückwunsch) den Freunden am Bodensee», 1917 drei Postkarten, 1918 ein Brief.

Freud läßt auch in dieser schweren Prüfungszeit den Mut nie sinken und arbeitet unentwegt weiter. Der erste Brief des Jahres 1915 (vom 10. Januar) ist so aufschlußreich für seine damalige Lage, für die Wiener Gruppe, die Zeitschrift etc., daß ich ihn, abgesehen vom Schluß, in toto folgen lasse:

«Herzliche Wünsche zum Jahreswechsel auch von meiner Seite! Ich freue mich, daß Sie ihrer nicht so dringend bedürfen wie andere in dieser Zeit.

Reiselust und Reisemöglichkeit sind recht geknickt; es wird wol noch lange bei der ersten Eintragung in Ihrem Fremdenbuch bleiben.

Ich will Ihnen gerne alle Auskünfte geben, die Sie verlangen: Ich habe zwei Söhne bei der Armee, beide noch in Ausbildung bei der Artillerie in Provinzstädten. Mein Schwiegersohn in Hamburg ist genommen worden und sieht seiner Einberufung zur Abrichtung entgegen. Mein mittlerer Sohn wird in diesem Frühjahr an die Reihe kommen.

Der Verein hält jede zweite Woche Sitzung, friedlich und wenig produktiv. Nur Rank u. Reik arbeiten intensiver, der erste ist frei gekommen, der letztere jung verheiratet, rückt in dieser Woche ein. Unsere Zeitschriften vollenden langsam den laufenden Jahrgang. Das letzte Heft der Zeitschrift muß in den nächsten Tagen erscheinen. Von der Imago ist das vorletzte Heft ebenso weit. Das Jahrbuch wird Deuticke 1915 wahrscheinlich nicht erscheinen lassen.

Ich bin abwechselnd produktiv und unlustig. Eine große Krankengeschichte[1], die ausführlichste bisher, ist fertig geworden u. harrt ihrer Verwendung. Gelegentlich beschäftigt

[1] «Aus der Geschichte einer infantilen Neurose». Vgl. *Sammlung kl. Schriften zur Neurosenlehre,* vierte Folge, 1918, sowie *Ges. Schr.* VIII.

mich eine Art Schulheft der ψα Theorien, die aber nicht genug Fortschritte macht. Die ärztliche Thätigkeit ist natürlich recht geringfügig.

Ganz selten einmal merkt man an einzelnen Anzeichen, daß das Interesse an der ΨA in der Welt noch nicht verstorben ist. So habe ich kürzlich eine italien. Übersetzung der 5 Vorlesungen erhalten, von Prof. Bianchini in Neapel besorgt, und der Berliner Verleger hat mir mitgeteilt, daß eine schwedische Übertragung des Alltagslebens vorbereitet wird.»

Im Brief vom 1. April 1915 freut er sich, daß ich an seinen Arbeiten «immer noch etwas zu loben und zu gebrauchen» wisse. Zum Glück könne er «nichts direkt Übles berichten». Der Sohn in Galizien befinde sich im Ganzen wohl, der andere sei noch in der Ausbildung in Klagenfurt, den dritten habe man sogar zurückgestellt. «Aber Spannung und Sorge sind begreiflicherweise so groß, daß wenig dagegen aufkommt.» Zum Glück habe er sich «zu bescheidener Produktion vermocht», wovon ich in der Zeitschrift und in der Imago die Folgen finden werde. Ferner bereite er etwas vor, das ihm nicht gleichgültig scheine, «eine Charakteristik des Unbewußten, die es greifbar machen soll. Auch eine auf den Narzismus zurückgehende Aufklärung der Melancholie»[1]. «Die 8 Monate des Krieges lasten auf uns wie ein böser Traum.» Dafür hätten er, seine Frau und Schwägerin für den Sommer 1915 an eine Entschädigung in einer schönen Gegend, eventuell am Bodensee, gedacht, natürlich unter der Bedingung, daß Vaterland und Familie es gestatten, was niemand vorhersagen könne. «In Wirklichkeit leben wir nur von einem Tag zum andern; alles übrige ist Phantasieren.»

Am 24. April 1915 beantwortet Freud meine Fragen hinsichtlich einer früheren Patientin, die er vier Jahre lang

[1] Gemeint sind wohl der bedeutsame Aufsatz «Das Unbewußte», erschienen im Jahre 1915, und «Über Trauer und Melancholie», erschienen 1916/17 in der *Intern. Zschr.*, abgedruckt in der vierten Folge und in den *Ges. Schr.* V.

analysiert hatte und die jetzt zu mir kommen möchte[1]. Auch in dem Aufsatz «Die Disposition zur Zwangsneurose»[2] spricht er von ihr. Es handelt sich um dieselbe Kranke, an die auch ich selbst in der Einleitung zu meinem Aufsatz «Freud und die Verfassung der klinischen Psychiatrie» vom Jahre 1936 angeknüpft habe. «Sie ist», schreibt Freud, «eine *fast* zu Ende analysierte, in Unheilbarkeit abgelaufene Zwangsneurose schwerster Art, hat allen Bemühungen widerstanden dank besonderer Ungunst der realen Verhältnisse, hängt angeblich noch von mir ab, flieht mich in Wirklichkeit, seit ich ihr das letzte Wort des Krankheitsgeheimnisses sagen konnte (es handelte sich um Rache- und Mordimpulse gegen den Ehemann). Analytisch unbrauchbar für jedermann.» «Charakter bis vor kurzer Zeit erhalten, liebenswürdige, überrücksichtsvolle, raffiniert vornehme Persönlichkeit.» Sie scheine sich in dem Jahr, da er sie kaum gesehen, viel geändert zu haben. «Sie *wartet* natürlich, wird es aber nie zugestehen, auf sein Ende.» (Wie recht Freud hatte und wie wir es in solchen Fällen ja oft erleben, zeigte sich dann, um dies gleich vorweg zu nehmen, als abgesehen von dem Erfolg der Anstaltsbehandlung eine weitere Besserung ihres Gemütszustandes eintrat im Augenblick, wo der Mann einen Schlaganfall bekam.) «Sie ist auch eine Tochter, die ihrem Vater helfen will wie Jeanne d'Arc. Kurz man würde nicht fertig von ihr zu erzählen.»

Auch aus dem Brief vom 17. Dezember 1915 vermag ich nichts wegzulassen. Hier ist er:

«Ich beantworte umgehend Ihren freundschaftlichen Brief, erfreut, daß Sie noch in diesen Zeiten bei mir anfragen. Also: Meine beiden Söhne waren zeitweilig in schweren Kämpfen, sind aber beide noch am Leben, unversehrt, dekoriert, gegenwärtig unten auf hohen Bergen. Der ältere hat im vorigen Monat einen 10tägigen Urlaub bei mir verbracht u. uns durch Aussehen u. Stimmung sehr erfreut. Mein Ham-

[1] Es ist die Patientin, von der in Freuds Aufsatz «Ein Traum als Beweismittel» *(Ges. Schr.* III, S. 267 ff.) – als Deuterin eines Traumes ihrer Pflegerin – die Rede ist.

[2] *Ges. Schr.* V, S. 279 ff.

burger Schwiegersohn ist jetzt in der Abrichtung für die Artillerie. Mein mittlerer, der Ingenieur, arbeitet an einem strategisch wichtigen Tunnelbau, kommt morgen nach Wien, um Tags darauf mit seiner angetrauten Frau zurückzureisen. Unser Verein hält wiewol seltener Sitzungen ab, nachdem er alle unerläßlichen Bestandteile abgestoßen. Die Anzahl derer, die etwas zur Literatur beitragen können, ist natürlich gering, da sie alle irgendwie für den Krieg in Anspruch genommen sind. Das weitere Erscheinen unserer Zeitschr. und der Imago ist vom Verleger zugesichert. Es ist natürlich unmöglich, Termine einzuhalten. Rank dürfte bald nach Krakau kommen, Sachs war eingerückt, ist aber als untauglich weggeschickt worden.

Ich will meine eigenen Verhältnisse nicht ganz rosig schildern, indeß ist eine Hebung der ärztlichen Thätigkeit in diesem zweiten Kriegsjahr unverkennbar und manches für die Zeit nach dem Krieg vorbereitet worden. Darunter eine Reihe von Abhandlungen, deren erste Glieder Sie in der Zeitschr. gefunden haben. Es sind im Ganzen 12 fast vollendet. Sie werden heißen: Zur Vorbereitung der Metapsychologie[1]. Meine Vorlesungen für Anfänger, die ich heuer wieder halten mußte, werden wahrscheinlich noch vor Friedensschluß ans Licht kommen. Heller wird sie in 3 Portionen auf den Markt bringen.

Und nun grüßen Sie mir Ihre liebe Frau. u. Ihre kleine Familie herzlich u. lassen Sie bald wieder von sich hören.

Ihr Freud.

Denken Sie noch manchmal an eine Sorge, die ich mit Ihnen geteilt habe und die man jetzt als überwunden erinnern muß?»

In dem einzigen Brief vom Jahre 1916 (23. Dezember) freut er sich, daß «jene Befürchtungen als erledigt zu gelten haben», daß mein Interesse «unverrückt bei der Analyse geblieben» sei, wofür er mir berichte, «daß wir uns aufrecht halten, die Zeitschriften in längeren Intervallen herausbringen u. alles bereit haben zur Wiederanknüpfung der

[1] Vgl. *Ges. Schr.*, Bd. V, Vorbemerkung S. 432.

Beziehungen, wenn nach dem Frieden die Freunde wiederkommen.» Dann heißt es weiter:

«Von meinen Vorlesungen sind Heft 1/2 erschienen; manches ist in Vorbereitung oder erscheint allmälig in den Zeitschriften. Von Mitarbeitern ist freilich nur noch Sachs frei, der mich kräftig unterstützt.

Meine drei Söhne sind in der Armee. Ich freue mich, daß sie sich gut halten. Zwei von ihnen sind Offiziere in der Artillerie, dekoriert und in gutem Zustande, der dritte ist erst jetzt zu den Sappeuren eingetreten, da er bisher bei einem militärischen Tunnelbau unabkömmlich war. Im übrigen heißt es: abwarten.»

Aus dem Jahre 1917 stammt eine kurze Danksagung für ein Telegramm zu seinem Geburtstag. Dann folgen zwei Postkarten aus Csorbato (Tatra) vom 20. und 21. August 1917 als Antwort auf einen Brief von mir vom 10. August. In diesem Brief hatte ich ihm von dem Fortgang meiner wissenschaftlichen Arbeit erzählt, von der ich ihm gerne ein Kapitel zusenden wolle. Die Arbeit zerfalle in zwei Teile, der erste, 200 Schreibmaschinenseiten umfassende, ziemlich fertige Teil behandle allgemein-psychologische Fragen, wie die Definition des Psychischen, die psychologischen Grundbegriffe, die verschiedenen wissenschaftlichen Behandlungsarten des Psychischen usw., alles an Hand historischer Beispiele. Der zweite Teil erst enthalte eine Würdigung und Analyse der Psychoanalyse. – Dieser Bericht mußte vorausgeschickt werden, um dem Leser wieder verständlich zu machen, wohin sich mein wissenschaftliches Interesse bereits gewandt hatte und wie Freud darauf reagierte. Auf der ersten der erwähnten Postkarten schrieb er, er brenne darauf, das weitere zu erfahren, werde aber Bemerkungen möglichst zurückhalten, ehe er nicht alles übersehen könne, übrigens werde er auch dann «in respektvoller Zurückhaltung bleiben», eine Wendung, die den ironischen Ton verrät, den Freud mir gegenüber so gerne anzuschlagen pflegte. In der zweiten Karte wurde er aber bereits «massiver». Er bemerkt zwar zunächst, er habe das betreffende Kapitel «sofort und mit großer Beteiligung zum ersten vorläufigen Mal gelesen.

Sehr lehrreich für mich, sehr verdienstvoll». Dann aber heißt es, in einem werde ihm bange: «Was werden Sie mit dem Ubw. anfangen oder viel mehr, wie werden Sie ohne das Ubw. auskommen? Hat Sie am Ende der philosophische Teufel doch in den Krallen? Beruhigen Sie mich.»

Leider ist keine Kopie meiner Antwort auf diese Frage auffindbar. Selbstverständlich bin ich nie «ohne das Ubw. ausgekommen», weder in der psychotherapeutischen Praxis, die ja ohne Freuds Auffassung des Unbewußten unmöglich ist, noch in der «Theorie». Mit meiner Zuwendung zur Phänomenologie und zur Daseinsanalyse hat sich mir das Problem des Unbewußten jedoch gewandelt, erweitert und vertieft, insofern es immer weniger nur in Gegensatz zum «Bewußten» gebracht wurde, von dem es in der Psychoanalyse – wie es bei solchen einfachen Entgegensetzungen immer der Fall ist– noch weitgehend bestimmt ist. Insofern in der Daseinsanalytik Heideggers – im Gegensatz zu Sartre – gerade nicht vom Bewußtsein, sondern vom Dasein als In-der-Weltsein ausgegangen wird, tritt für mich jener Gegensatz zurück zugunsten einer Beschreibung der verschiedenen phänomenologisch aufweisbaren Weisen und Strukturen des In-der-Welt-seins[1].

Im Jahre 1918 dankt Freud am 30. April für meinen «lieben Brief in diesen der Verarmung u. Vereinsamung zutreibenden Zeiten!» Daß meine Arbeit mich so intensiv beschäftige und so gut vorschreite, höre er sehr gerne: «Mit der Ungeduld des Gealterten, der seiner Tage nicht mehr recht sicher ist, möchte ich das Buch bereits beendet sehen. Aber ich habe solche Ungeduld auch in früheren Zeiten immer verspürt. Neuerdings scheint es allerdings als ob die deutsche Wissenschaft sich mehr mit der Analyse befreunden wollte. Vielleicht entdecken sie allmählich deren Wahrheit,

[1] Vgl. hiezu u. a. meinen Vortrag «Über Psychotherapie» *(Der Nervenarzt* 1935, H. 3/4 und Bd. I meiner *Ausgew. Vorträge und Aufsätze)*, wo auf die große Rolle hingewiesen wird, welche die «Leiblichkeit» als Inbegriff unterschiedlicher «verdeckter» Formen des Bei- oder Mit-mirselbst-Seins in dieser Hinsicht spielt. (Vgl. vor allem Bd. I, S. 149–155 u. 157 f.).

natürlich mit Ausschluß des Oedipuskomplexes, für den es dann noch eine besondere Latenz- u. Wartezeit von einer Generation giebt. Wir sind hier unterdeß nicht ganz unthätig gewesen. Hilfe brachten uns von außen allerdings nur die Holländer, die wie Sie wissen, eine neue Ortsgruppe geschaffen haben.» Sonderabdrücke habe er des Verbots wegen nicht schicken können. Seine Arbeiten seit 1914 sollten als vierte Folge der Sammlung bei Heller in Wien erscheinen. Gerne würde er den Sommer einmal am Bodensee in unserer Nähe verbringen, aber solange die Söhne bei der Armee seien, möge er daran nicht denken. Einer sei leicht lungenleidend zuhause, die beiden anderen in Italien u. in Bessarabien, noch ungeschädigt. Wenn der Friede kommen sollte, werde er mich an mein Versprechen, ihn zu besuchen, erinnern. «Er wird einer langen Entbehrung ein Ende machen. Hoffen wir es!»

Von 1919 bis zu Freuds Tod

Aus dem Jahre 1919 stammen drei Briefe und ein Telegramm mit der Bitte um Herstellung der Kommunikation mit Dr. Martin Freud, Kriegsgefangenem in Genua. Im ersten Brief (vom 2. Januar 1919) bittet Freud um Nachsicht, daß er meine beiden letzten Briefe, deren Inhalt er mit großer Befriedigung empfangen habe, nicht beantwortet habe:

«In den Erregungen und Sorgen der Katastrophe, des Umsturzes aller Verhältnisse, in dem Bangen um einen verschollenen Sohn, von dem wir endlich erfahren haben, daß er sich gefangen in einem Spital in den Abruzzen befindet, schwand mir der Antrieb zum brieflichen Verkehr. Ich will diese Vernachlässigung zu Anfang des neuen Jahres aufheben. Das alte Jahr könnte an Abscheulichkeit nicht leicht übertroffen werden.» Der Kongreß in Budapest habe einen glänzenden Verlauf genommen und eine ansehnliche Stiftung (von Dr. Anton von Freund) eingebracht, von deren Mitteln er mit Rank einen psychoanalytischen Verlag einrichte, dessen Aufgabe es sein solle, die beiden Zeitschriften regelmäßig ans Licht zu bringen und psychoanalytische Bücher herauszubringen. Die 6. Auflage des *Alltagslebens* werde das erste dieser Bücher sein.

«Auch für zwei kleine ψα Preise ist mir Geld geblieben. Die ersten haben bereits Abraham (früheste Libidostufen, 1916), Simmel (Kriegsneurosen) und Reik (Pubertätsriten der Wilden) erhalten. Solche Preiszuteilungen sollen jährlich wiederholt werden u. vielleicht erlebe ich es noch, daß ich Ihre Arbeit ähnlich auszeichnen kann. Die Zustände hier sind, wie Sie gerade in der Schweiz wissen, sehr schlechte, aber die Stadt ist ruhig, das Volk geduldig und Abwanderung aus sehr vielen Gründen unmöglich.» Dann folgt die betrübliche Nachricht, daß Dr. Sachs erkrankt sei und sich in Davos aufhalten müsse.

Schon am 16. Februar 1919 folgt ein zweiter Brief mit der Nachricht, sein Sohn sei in den letzten Oktobertagen mit einem ganzen Corps in Gefangenschaft geraten. Es habe sehr lange gedauert, bis sie Nachricht von ihm erhielten. Bei der Gefangennahme sei er um all sein Gepäck und seine Habe gekommen. Daher habe er mich telegraphisch um meine Intervention ersucht.

«Unsere Gesamtlage», so heißt es weiter, «ist ja recht elend und der einzelne bekommt sein Teil davon ab. Nur die Sache steht gut. Mit Hilfe der Budapester Stiftung haben wir verschiedenes in Angriff genommen. Ich höre, daß sich auch bei Ihnen eine neue Gruppe bildet, hoffe, daß Sie dabei beteiligt sind und fände es am befriedigendsten, wenn Sie deren Leitung übernähmen. Der briefliche Verkehr mit Jones hat wieder begonnen, – er berichtet von großen Fortschritten in England. Unser Freund Putnam in Boston ist leider gestorben.»

Der neu gegründeten Schweizer Gruppe bin ich natürlich beigetreten. Ich gehöre ihr wie gesagt heute noch an. Deren Leitung zu übernehmen, war mir aus örtlichen, zeitlichen und sachlichen Gründen zu meinem eigenen Leidwesen unmöglich.

Der letzte Brief (25 .Dezember 1919) begann mit dem Dank für willkommene Liebesgaben. «Sie waren nach langer Zeit Anzeichen Ihrer Existenz u. andauernder Teilnahme an unseren Schicksalen.» Nur hätte er gern von meiner großen «schon zu lange vorbereiteten» Arbeit, meinem Verhältnis zur Analyse etc. gehört. Sein Gefangener sei zurück und habe sich «in die behaglichere Gefangenschaft einer Liebesehe begeben». Es scheine ein guter Erfolg zu werden.

Aus dem Jahre 1920 finde ich nur die Kopie eines Briefes von mir vom 7. Januar und einen Brief von Freud vom 14. März. In meinem Brief schreibe ich, daß ich sehr gut begriffe, daß er von einer zu langen Vorbereitung meiner Arbeit spräche. Das Gebiet habe sich aber unter der Hand erweitert aus der Einsicht heraus, daß ich die Psychoanalyse nicht aus ihr selbst heraus, sondern nur aus der Perspektive der Hauptprobleme der Psychologie so darstellen könne, wie ich es für nötig und richtig erachtete[1]. Ein erster Band, be-

[1] Diese Einsicht hat sich im Fortgang der Arbeit als irrig erwiesen, so daß mein Unternehmen, mit dem ich Freud so lange hingehalten, scheitern mußte und der mehrfach erwähnte «zweite Band» nie erschienen ist.

titelt «Einführung in die Probleme der allgemeinen Psychologie» könne im Sommer druckfertig sein, während die Psychoanalyse erst in den zweiten Band aufgenommen werde. Seine Frage nach meinem Verhältnis zur Psychoanalyse beantworte ich dahin, daß es so sei, wie er es immer von mir gewußt habe. Irgend eine Schwenkung von Freud zu Jung oder Adler hätte ich in keiner Hinsicht gemacht und würde ich wohl auch nie machen. Zu den Züricher psychoanalytischen Sitzungen könne ich «bei den jetzigen Verhältnissen» (gemeint sind die ungeheuren Schwierigkeiten, in die die Anstalt durch den Krieg und in der Nachkriegszeit gekommen war) nicht gehen, ich sei nur orientiert, was vorgehe. Mit Bleuler und Maier sei ich dauernd in Rapport, mit Jung gar nicht mehr.

Im März (14. März 1920) erhielt ich von Freud folgende erschütternde Antwort:

«Infolge Ihrer mahnenden Karte von gestern habe ich mich gefragt: kann es denn sein, daß ich Ihren liebenswürdigen inhaltsreichen Brief vom 7./I. unbeantwortet gelassen habe? Ja, es ist so u. erklärt sich aus dem traurigen Inhalt dieses Monats. Zuerst stand ich Tag für Tag unter dem Eindruck der allmählichen Auflösung eines lieben Freundes, den Sie aus einem Nachruf in der Zeitschrift 1920 No. 1 kennen lernen werden[1]. Daß ich gerade *Ihnen* damals nicht schreiben konnte, werden Sie leicht verstehen, wenn ich Ihnen mitteile, daß gerade Ihr Schicksal mich durch 1 1/2 Jahre bei guter Hoffnung für ihn erhalten hatte. Er hatte dieselbe Operation hinter sich wie Sie seinerzeit, aber er entging dem Rezidiv nicht. Am 22/I begruben wir ihn. Am Abend desselben Tages erhielten wir ein beunruhigendes Telegramm von unserem Schwiegersohn Halberstadt in Hamburg. Meine Tochter Sophie, 26 J. alt, Mutter zweier Knaben, war an Grippe erkrankt; am 25/I früh entschlief sie nach 4tägigem

[1] Es handelt sich, wie jeder Psychoanalytiker weiß, um Dr. Anton von Freund in Budapest, den großzügigen Stifter, von dem früher die Rede war. Vgl. den überaus warmen und schönen Nachruf Freuds in der *Internat. Zschr. f. Psychoanalyse*, Bd. VI, 1920, u. *Ges. Schr.* XI, S. 280 f. – S. auch Jones II, 221.

Kranksein. Wir hatten damals Bahnsperre u. konnten darum nicht einmal hinreisen. Jetzt bereitet sich meine tief erschütterte Frau für die Reise vor, aber die neuen Unruhen in Deutschland machen die Ausführung dieser Absicht zweifelhaft. Seither liegt ein schwerer Druck auf uns allen, den ich auch in meiner Arbeitsfähigkeit verspüre. Die Ungeheuerlichkeit, daß Kinder vor den Eltern sterben sollen, haben wir beide nicht verwunden. Im Sommer – damit antworte ich auf Ihre freundliche Einladung – wollen wir mit den beiden Waisen und dem untröstlichen Mann, den wir 7 Jahre lang wie einen Sohn geliebt haben, irgendwo beisammen sein. Wenn es möglich ist! Die Schwere aller anderen Verhältnisse hier ist Ihnen nicht unbekannt. Ich habe sehr viel zu thun, aber die Verarmung ist nicht aufzuhalten.»

In das Jahr 1920 fiel der VI. Internationale Kongreß in Den Haag, an dem ich ein Referat über Psychoanalyse und klinische Psychiatrie zu halten hatte[1]. Ich sehe Freud in der vordersten Reihe sitzend noch vor mir. Als ich geendigt hatte und mich neben ihn setzte, sagte er nur die zwei Worte: «Sehr klar.» Offenbar hatte er mehr erwartet. Mein Korreferent war der Holländer August Stärcke. Als ich angefragt wurde, ob ich mein Referat mit dem seinigen zusammen in Buchform erscheinen lassen wolle, mußte ich ablehnen, und zwar wegen des in meinen Augen gar zu phantastischen Inhalts des letzteren.

Ich erinnere mich nur noch *eines* Ausspruchs Freuds mir gegenüber an diesem Kongreß. Als ich mit Bedauern feststellte, wie sehr die Schweizer an diesem Kongreß ins Hintertreffen geraten waren, antwortete er trocken: «Das ist Ihre Schuld.» Damit meinte er die Tatsache, daß ich nicht, wie er gewünscht hatte, die Leitung der Zürcher Ortsgruppe übernommen und überhaupt die psychoanalytische Bewegung in der Schweiz «politisch» gefördert hätte.

Im Jahre 1921 frug ich Freud, ob er mir gestatte, meine nun beendigte *Einführung in die Probleme der allgemeinen*

[1] Vgl. *Internat. Zschr. f. Psychoanalyse* VII, 1921, und meine *Ausgew. Vorträge und Aufsätze*, Bd. II, Vorwort, S. 8–13, und das Referat selbst S. 40–66.

Psychologie – der als zweiter Band erst die Arbeit über die Psychoanalyse hätte folgen sollen –, «meinen Lehrern E. Bleuler und S. Freud» zu widmen. Wenn ich auch seinen Haager Vorwurf auf mir sitzen lassen müsse, so wolle ich mit dieser Widmung dokumentieren, daß sein wissenschaftliches Lebenswerk neben demjenigen Bleulers «der mächtigste Impuls für mein wissenschaftliches Arbeiten und Denken war», und daß ich die größte Bewunderung dafür hege. Ich könne ruhig sagen, daß ich ohne das Interesse an der Psychiatrie, das ich durch *ihn* und Bleuler bekommen hätte, auch dieses Buch nicht geschrieben hätte. Da meine ganze Liebe der Psychiatrie gehöre, werde ich gerade auch auf dem Umweg über dieses Buch zu ihr zurückkehren. Darauf erhielt ich postwendend (23. Juni 1921) folgende, für Freud wiederum sehr charakteristische Antwort:

«Ich beeile mich Ihnen zu antworten, daß ich Ihre Widmung dankend annehme. Ich werde stolz darauf sein, daß Sie sich öffentlich als mein Schüler bekennen. Beinahe hätte ich hinzugefügt, auch stolz darauf, mich in diesem Zusammenhang neben Bleuler genannt zu finden. Aber ich kann nicht in Abrede stellen, daß Bl's völliger Stillstand auf dem Wege in die seelischen Tiefen und seine unbeeinflußbare Ambivalenz mich endlich in seiner Schätzung arg gestört haben. Auf Ihr Buch bin ich natürlich sehr gespannt und theile Ihnen gleich mit, daß ich vom 15. Juli bis 15. Aug. in Badgastein Villa Wassing für dasselbe erreichbar bin. Um wieviel mehr aber freue ich mich auf – dessen zweiten Band!»

Am 3. November 1921 kam Freud mit folgenden Worten auf die Ankündigung meines Buches zurück: «Lieb war es mir, daß Sie mir – bei meinem hohen Alter – doch Hoffnung machten, den ersten Band Ihres Werkes zu erleben, hoffentlich stellt der zweite meine Zähigkeit nicht auf eine zu harte Probe.»

Zugleich berichtet er, daß Dr. Prinzhorn, den ich an ihn empfohlen hatte, in Wien einen recht interessanten, sich freilich von der Analyse fernhaltenden Vortrag gehalten und persönlich «einen guten Eindruck» gemacht habe. Ein Brief vom 24. November 1921 schließt mit der Versicherung: «Ihr

Buch wird mich *doch* interessieren und ich freue mich sonst sehr auf das mir versprochene lange Leben.»

Über die oben (S. 73 f.) erwähnte Patientin äußert er sein Urteil unter dem 27. April 1922 dahin, *«daß bei ihr nur durch Vereinigung von Analyse und Verbot (Gegenzwang) vielleicht noch etwas zu erreichen ist. Ich bedauere sehr, daß mir seinerzeit nur das eine zu Gebote stand, das andere ist doch nur in einer Anstalt durchzusetzen»*[1].

Dieses «Urteil» ist um so interessanter, als es meines Wissens durchaus vereinzelt dasteht und Freud hier wie so oft viel «toleranter» erscheinen läßt als viele seiner Anhänger, die eine solche «Vereinigung» als einen psychoanalytischen Kunstfehler betrachten. Das erfuhr ich selbst im Anschluß an den in meinem Vortrag «Über Psychotherapie» (vgl. oben S. 77[1]) geschilderten Fall eines mit lautem Schreien verbundenen hysterischen Singultus während der Periode, wo die Analyse ebenfalls mit einem «Gegenzwang» vereinigt wurde. Hier mußte *gehandelt* werden, und zwar schnell – es geschah durch einen Handgriff am Hals –, sollte die Patientin, die bisher allen Behandlungen getrotzt hatte, nicht auch jetzt Herrin der Situation bleiben. Aber auch schon in der «Absatzanalyse» (Analyse einer hysterischen Phobie im III. Bd. des Jahrbuchs) habe ich, wenn auch erst *nach* Beendigung der Analyse und zur Bewährung ihres psychotherapeutischen Erfolges, «aktiv eingegriffen».

Wiederum auf unsere gemeinsame Patientin anspielend, die noch in meiner Behandlung war, dankt Freud am 8. Mai 1922 «der Kreuzlinger Ortsgruppe» herzlich für ein Telegramm zu seinem 66. Geburtstag, sie möge blühen und gedeihen, «ihre weiblichen Mitglieder stets durch rapide Besserungen, ihre männlichen durch blitzschnelle Produktionen ausgezeichnet sein. Dies wünscht freundschaftlich Ihr Freud».

In dem für Freud so schweren Jahr 1923 finde ich zunächst die Kopien einiger ausführlicher Briefe von mir, in denen ich nur meine – heute noch unveränderte – Bewunderung für die «Geschichte einer infantilen Neurose» ausspre-

[1] Hervorhebung von mir!

che und eingehend begründe (27. August 1923). Im gleichen Brief teile ich Freud mit, daß ich im Herbst nach Madrid führe. Ich hielt denn auch in der Madrider Real Academia de Medicina einen spanischen Vortrag zur «Einführung in die medizinische Psychoanalyse», in deren Mittelpunkt ich die «Absatzanalyse» stellte[1]. Der Aufenthalt in Madrid wurde für mich dadurch verdüstert, daß mir Kollege Eitingon, den ich dort zufällig traf, mitteilte, daß Freud sich wegen eines malignen Tumors einer Kieferoperation unterziehen mußte. Nach meiner Rückkehr bat ich Fräulein Anna Freud um nähere Auskunft, da ich nicht wußte, ob man ihren Vater mit einem Brief behelligen durfte. Zugleich frug ich sie an, ob ein Besuch von mir in Wien möglich wäre. Ich hätte großes Verlangen, ihren Vater zu sehen, denn die Liebe und Verehrung, die ich für ihn empfände, sei mit den Jahren nicht geringer, sondern größer geworden. Darauf erhielt ich zu meiner Freude einen von Freud selbst unterschriebenen Schreibmaschinenbrief in dem er sagt, seine Tochter habe ihm meinen Brief zur Beantwortung überlassen:

«Ich habe mich über seinen Inhalt sehr gefreut. Was Sie sagen, ist ja richtig. Ich würde mich noch mehr freuen, wenn Sie Ihre führende Stellung in der Schweiz behalten hätten oder Ihre Anstalt viel ausschließlicher in den Dienst der Analyse stellen könnten. Aber unsere Beziehungen beruhen ja auf festen Motiven anderer Art und sind von solchen Einwendungen unabhängig. Ich würde mich also sehr freuen, Sie wieder bei mir zu sehen. Jetzt wäre es natürlich ausgeschlossen. Ich bin in einer langsamen Rekonvaleszenz und in einer Behandlung, die alle Kräfte in Anspruch nimmt. Aber wenn nichts dazwischen kommt, kann es ja gut ausgehen und gegen das Frühjahr mag es mir ein Genuß sein, was mir heute eine Last wäre.»

Der Satz: «Aber unsere Beziehungen beruhen ja auf festen Motiven anderer Art und sind von solchen Einwendungen unabhängig» ist für mich einer der Kernsätze unserer Freundschaft geblieben. Was Freuds «Einwendungen» betrifft, so

[1] *Annales de la Real Academia Nacional de Medicina* 1924, T. 43.

waren sie für mich von jeher ebenso schmerzlich wie unabwendbar.

Am 2. Januar 1924 sende ich Freud zu dem für seine Rekonvaleszenz entscheidenden Jahr die besten Wünsche, hinzufügend, daß, wenn seine Antwort auf meinen Brief an seine Tochter mir auch nicht die Möglichkeit eines baldigen Wiedersehens in Aussicht stellen konnte, sie mir doch eine große Freude bereitet hätte, «weil Sie neben dem, was uns in den letzten Jahren getrennt hat, das persönlich-Verbindende so offen bekundet haben». «Wie sehr ich Ihnen eine völlige Genesung wünsche, brauche ich nach dem, was wir in dieser Hinsicht schon miteinander erlebt haben, nicht zu sagen.»

Am 11. April 1924 teile ich Freud mit, daß ich tief in theoretischen Vorarbeiten für meinen zweiten, der Psychoanalyse gewidmeten Band stecke, weswegen ich mich im Geiste sehr viel mit ihm unterhielte.

Von dieser «Unterhaltung» besitze ich noch sehr ausgedehnte, unveröffentlichte Manuskripte. Da sie von meinem beständigen Ringen mit der Geisteswelt Freuds Zeugnis ablegen, mag ein kurzer Hinweis auf dieselben gestattet sein. Sie tragen den Titel: «Die Psychologie Freud's und der Aufbau der Person» und beschäftigen sich zunächst mit der *Definition* des Psychischen bei Freud, also mit dessen «Sinnhaftigkeit», wobei Freud unter Sinn, wie allgemein bekannt, «Bedeutung, Absicht, Tendenz und Stelle in einer Reihe psychischer Zusammenhänge» versteht. Alle diese Ausdrücke wurden von mir von den «Problemen der Allgemeinen Psychologie» aus näher untersucht. Darauf folgen sehr ausführliche Untersuchungen über die *Darstellung* des Psychischen bei Freud, zentrierend in der Lehre vom psychischen Konflikt und von den seelischen Instanzen, allgemein-psychologisch gesprochen in einer Personifizierung und Dramatisierung des Seelenlebens, wie sie zwar dessen «Natur» entspricht, aber noch nie derart systematisch und eindringlich dargestellt worden war. Es wird gezeigt, wie anstelle des schulpsychologischen Wettstreits und «Kampfes» von Vorstellungen, Vermögen, Kräften untereinander bei Freud die überaus «lebensnahe» Darstellung des wesensmäßigen Konfliktcharakters der menschlichen *Person* tritt, wobei dann freilich die einzelnen Instanzen ihrerseits wieder personhaft dargestellt und sozusagen verselbständigt werden. Demnach wird auch der «Verkehr» der einzelnen Instanzen untereinander, nach Analogie des Verkehrs unter Menschen, also nach gesellschaftlichen oder sozialen Gesichtspunkten, dargestellt. In diesen Zusammenhang gehört dann auch die in erster Linie «gesellschaftliche» Rolle des Unbewußten und der Triebe, an die sich erst sekundär und tertiär deren topische, dynamische und ökonomische «Rolle» im «seelischen Apparat» anschließt. Eine große Rolle in diesen Manuskripten spielt ferner die Untersuchung der Freudschen Methode des Deutungsverfahrens, im Zusammenhang mit der Lehre von der Hermeneutik in den Geisteswissenschaften (Schleiermacher, Dilthey u. a.). Von den letzteren Bemühungen zeugt der unten (S. 91) erwähnte Aufsatz über «Erfahren, Verstehen, Deuten in der Psychoanalyse».

Wenn ich von all diesen Untersuchungen selbst nichts veröffentlicht habe und der «zweite Band», der der Psychoanalyse hätte gewidmet sein sollen, wie bereits erwähnt, nie erschienen ist, so deswegen, weil ich auf Grund der Beschäftigung mit der Phänomenologie Husserls (und später der Ontologie Heideggers) sehr bald über meine in diesen Untersuchungen befolgte Methode hinausgewachsen war. Sie bewegte sich noch allzusehr auf begrifflichem und methodologischem Boden, so daß sie Freuds Auffassung und Lehren vom Seelischen und vom Menschenwesen überhaupt nicht an der Wurzel fassen konnte. Das geschah erst in meinen Arbeiten zum achtzigsten Geburtstag Freuds, wenn ich auch heute in seinem in diesen Arbeiten in den Vordergrund gestellten *Naturalismus* nicht mehr nur etwas Negatives sehe.

Doch ich eile voraus. In dem Jahre, in dem wir uns befinden, betone ich immer noch (27. August 1924), daß meine ganze innere Arbeit auf den «zweiten Band» (über die Psychoanalyse) gerichtet sei. Das werde wohl die Hauptarbeit meines Lebens sein. «Wen die Psychoanalyse einmal gepackt hat, den läßt sie nicht mehr los, den einen praktisch, den andern theoretisch, je nach seiner Veranlagung, und keiner wird sagen können, daß sie ihm nicht zu seiner Lebensaufgabe geworden ist.» Ich brauche diesen Satz auch heute nicht zu widerrufen; hat sich doch meine «Lebensaufgabe» nicht nur aus der Beschäftigung mit der Psychoanalyse und ihrem neuen Wissen um den Menschen ergeben, sondern auch im Kampf um ihre «kritische» Würdigung und Darstellung. Insofern war die Psychoanalyse, wie schon aus den obigen Ausführungen hervorgeht, sozusagen der «Stachel», der mich veranlaßte, mich immer tiefer in das Problem des Menschseins und die Versuche zu seiner philosophischen und wissenschaftlichen Bewältigung zu versenken. –

Noch im gleichen Jahre, 1924, schreibt Freud (Schreibmaschinenbrief vom 10. September) zu meiner größten Freude, sein Befinden sei «nicht schlecht und ein Wiedersehen nicht mehr außer Frage, wie noch vor einigen Monaten».

Das Jahr 1925 bringt nur zwei kurze Briefe von Freud. Im Januar hatte ich ihm ein für sein Schicksal als Forscher in hohem Maße zutreffendes Zitat geschickt, das ich der Schrift von Herder *Vom Erkennen und Empfinden der menschlichen Seele* (Zweiter Versuch 1) entnommen hatte. Ich kann mir nicht versagen, es hierherzusetzen:

«Die größten Wahrheiten wie die ärgsten Lügen, die erhabensten Kenntnisse und die scheußlichsten Irrtümer eines Volks wachsen meistens aus Samenkörnern, die nicht dafür erkannt werden; sie werden von Einflüssen belebt, die oft gerade für's Gegenteil dessen, was sie sind, gelten. Der Arzt also, der Übel heilen will, suche sie im Grunde; aber eben, wenn er da sucht, wird das Kind oder das kranke Jahrhundert ihm schlecht danken. Läßt er sich zu seinem lieben Siechtum herab, und sucht es mit Gesundheit zu überweben – wer ist größer und willkommener als er! die Säule aller Wissenschaft und alles Ruhmes. Nun aber greift er nach unseren Herzen, nach unseren Lieblingsempfindungen und Schwächen, mit denen uns so wohl war – hinweg mit ihm, dem Verräter der Menschheit, dem Mörder unserer besten Kenntnisse und Freuden! Wir wollten einen Bund mit ihm machen, droben am Baum zu bleiben und wollten ihm darum baß dienen, nun gräbt er zur Wurzel und schlitzt die glatte Rinde auf – der Undankbare!»

Noch im gleichen Monat dankt Freud (27. Januar 1925) für mein «Lebenszeichen». Auf das Zitat von Herder ging er nicht ein. Er freue sich natürlich sehr, daß ich seine «kleinen Nachzüglerproduktionen noch immer lese». (Ich hatte ihm von dem großen Eindruck geschrieben, den mir «Der Untergang des Oedipuskomplexes» gemacht hatte.) Die nächsten Nummern der Zeitschrift würden noch etwas bringen, dann käme wohl eine lange Pause, denn er sei mit der Umarbeitung der Traumdeutung für die Gesamtausgabe beschäftigt. «Vielleicht kommt dann überhaupt nichts mehr.»

An einem Sonntagvormittag im Februar beantworte ich seine Frage nach meiner Familie dahin, daß keines unserer sechs Kinder uns bis jetzt irgend einen Anlaß zur Sorge gebe, daß wir uns aber manchmal frügen, «wie lange es so weiter gehen wird». Dann verbreite ich mich lange über die Freude an meinem ältesten Sohn und die «Gunst», die mir das Schicksal mit ihm erwiesen hätte. Unter den Fragen, die ich Freud in diesem Brief stellte, war auch die nach dem Sinn seiner mich von jeher beschäftigenden Bemerkung, der Analytiker habe dem Analysanden sein Ubw. nur so passiv entgegenzuhalten, wie (beim Telephon) der Receiver sich zum Teller verhalte. Daran waren Versuche zu einer psychoanalytischen Antwort geknüpft. Zum Schluß frug ich ihn, ob David Friedrich Strauß oder Feuerbach in seiner Jugend auf ihn gewirkt hätten und ob er Fechners Schrift *Über das höchste Gut* kenne, in der das Lust-Unlust-Problem eine so große Rolle spiele.

Zum Vergleich mit dem Receiver und Teller bemerkt Freud in seiner Antwort vom 22. Februar 1925, er habe ihn «in einem bescheidenen und rationalistischen Sinne ausgesprochen, obwohl ich nicht verkenne, daß sich hinter der Formulierung auch weitergehende Probleme verbergen. Ich meinte zunächst nur, man müsse sich frei halten von der bewußten Steigerung gewisser Erwartungen und also denselben Zustand in sich herbeiführen, den man vom Analysierten selbst verlangt. Jede Unklarheit verschwindet, wenn Sie annehmen, daß das

Unbewußte in jenem Satze nur deskriptiv gemeint ist. In systematischer Ausdrucksweise sollte es lauten: vorbewußt anstatt unbewußt. Die tieferen Probleme braucht man dabei wohl nicht zu erörtern.»

«Von Fechner habe ich außer der Psychophysik noch manche andere Schriften gelesen[1], aber gerade die ‚Über das höchste Gut', in der das Lust-Unlust-Problem eine so große Rolle spielen soll, nicht. Es sollte mich sehr interessieren, wenn ich ihm auch ohne direkte Beeinflussung nahe gekommen wäre. David Friedrich Strauß und Feuerbach habe ich in jungen Jahren allerdings mit Genuß und Eifer gelesen. Es scheint mir aber, daß die Wirkung keine nachhaltige geblieben ist.»

Noch vor seinem Geburtstag am 6. Mai erfuhr ich zu meiner größten Freude, daß Pfarrer Pfister aus Wien die Nachricht mitgebracht habe, daß Freud als genesen betrachtet werden könne. Ich war glücklich, ihm in meinem alljährlichen Geburtstagsbrief schreiben zu können, daß ich ihm dieses Mal besonders frohen Herzens gratulierte. Auf einer Karte vom 10. Mai 1925 dankt er dafür, unter Hinzufügung des Satzes: «Ich halte eben noch eine Weile aus.»

Auch zu seinem Geburtstag im Jahre 1926 gratulierte ich Freud «besonders frohen Herzens», weil das Schicksal uns vergönnt habe, ihm zum siebzigsten Geburtstag unsere dankbare und anhängliche Gesinnung zu bekunden. Zugleich aber mußte ich ihm zum Tode von Karl Abraham kondolieren:

«Ihr Leben ist bei allem Aufstieg immer wieder von schweren Schlägen getroffen worden. Und so möchte ich Ihnen nur sagen, daß ich die Wunde, die das Schicksal Ihnen durch den so frühen Tod des Kollegen Abraham geschlagen hat, tief beklage. Abraham war einer der wenigen, die die Libidotheorie ganz begriffen und sie richtig angewendet haben und einer der wenigen, die sie klinisch weiter ausgebaut und da-

[1] Vgl. zu der mit der psychoanalytischen Auffassung von Lust und Unlust «im Wesentlichen zusammenfallenden» Auffassung Fechners in seiner kleinen Schrift «Einige Ideen zur Schöpfungs- und Entwicklungsgeschichte des Organismus» von 1873 den höchst wichtigen Passus in «Jenseits des Lustprinzips» VI, 192 f.

mit bleibende Resultate hinterlassen haben. Da ich alle Phasen des Entwicklungsganges Ihres Verhältnisses zu Jung miterlebt habe, habe ich besonders lebhaft mit Ihnen empfunden, was es heißt, zum zweiten oder dritten Mal den wissenschaftlichen Erben zu verlieren.»

Freuds Antwort vom 21. Mai 1926 lautete:

«In dem Konzert der Stimmen, die zu meinem siebzigsten Geburtstag laut wurden, durfte die Ihrige nicht fehlen. Wir haben trotz seltener persönlicher Begegnung manches Wichtige gemeinsam erlebt und Sie haben immer treu zu mir und meiner Sache gehalten. Auch ich will die Hoffnung nicht aufgeben, Sie und Ihre liebe Frau noch einmal zu sehen, allerdings müßten Sie nach Wien kommen, denn ich habe das Reisen eingestellt.

Sie erraten ganz richtig, was der Tod Abraham's für mich bedeutete. Aber wenn man so lange lebt, kann man das Überleben auch nicht durchaus vermeiden. Schließlich ist die Psychoanalyse keine persönliche Angelegenheit und sie wird weiterbestehen, auch wenn ich nicht über sie verfügen kann.»

Am 7. Oktober 1926 spreche ich Freud meine Freude darüber aus, daß mein kleiner Aufsatz in der *Imago*[1] «Erfahren, Verstehen, Deuten in der Psychoanalyse» auch in den Imago-Almanach von diesem Jahre aufgenommen worden sei und daß ich damit wieder einmal «in dieser Gesellschaft und besonders in der Ihrigen» öffentlich auftrete. Dann fügte ich Folgendes hinzu, das mir für das Verständnis des Ganges meiner Stellung der Psychoanalyse, sowie Freud selbst gegenüber, wichtig erscheint:

«Daß mein kleiner Aufsatz in diese Sammlung aufgenommen wurde, freut mich um so mehr, weil die Psychoanalyse

[1] Bd. XII, 1926, jetzt auch im II. Band meiner *Ausgew. Vorträge und Aufsätze.* Dieser Aufsatz ist die einzige, dem Druck übergebene Frucht meiner Auseinandersetzung mit der Hermeneutik in den Geisteswissenschaften und deren Beziehungen zum Freudschen Deutungsverfahren, gipfelnd darin, daß Freud der erste war, der die Hermeneutik auf Erfahrung gegründet habe. Zu dieser «Erfahrung» vgl. im Einzelnen die *dritte* Vorlesung zur Einführung in die Psychoanalyse.

theoretischen Erörterungen und Maßstäben, die ihr nicht immanent sind, sondern die ‚von außen' an sie herangebracht werden, bisher meist ablehnend gegenüberstand. Für mich ist es aber, wie Sie wissen, eine Notwendigkeit, die psychoanalytischen Lehren nach allgemeinen methodologischen Gesichtspunkten zu durchforschen und sie in den Zusammenhang der geistesgeschichtlichen Entwicklung der Menschheit einzuordnen, wie es gerade in diesem Beitrag andeutungsweise geschehen ist. Eine ausführlichere Darstellung davon hoffe ich in der 2. Auflage meiner allgemeinen Psychologie, die zu meiner Freude bereits in Angriff genommen werden muß, geben zu können[1]. Daß ich dabei in manchen prinzipiellen Fragen zu abweichenden Anschauungen gegenüber der psychoanalytischen ‚Schule' gelange, werden Sie mir nicht verübeln, nachdem Sie in Ihrem Angstbuch[2] wieder gezeigt haben, wie unerbittlich Sie Ihre eigenen Geisteskinder ‚aussetzen', wenn sie sich mit Ihren fortgeschrittenen Einsichten nicht mehr vertragen. Diese meine abweichenden Ansichten betreffen keineswegs die Therapie als solche, vielmehr gewisse Übertragungen der aus der praktischen Psychoanalyse gewonnenen Resultate auf das geistige Leben überhaupt[3].»

[1] Leider ist auch diese 2. Auflage nie erschienen, und zwar deswegen, weil ich damals sehr über die erste hinausgewachsen war – vor allem wieder durch das tiefere Eindringen in die Phaenomenologie Husserls und bald darauf in Heideggers Daseinsanalytik – und meinen neuen Standpunkt noch nicht genügend klar darzustellen vermocht hätte. Ich bedaure es heute noch, daß dieses bereits nach vier Jahren vergriffene Buch infolgedessen aus dem Buchhandel verschwunden ist.

[2] Es handelt sich um die 1926 erschienene, eine ganz einzigartige Stellung in Freuds Werken einnehmende und von mir heute noch besonders hoch geschätzte Schrift *Hemmung, Symptom und Angst (Ges. Schr.* XI).

[3] Wie unberührt von all dem aber meine Bewunderung für Freud und sein Lebenswerk geblieben war, mögen folgende beide Zitate aus diesem Aufsatz zeigen: «Was man von Buffon sagt, nämlich, daß er aus den zerstreuten Elementen einer bisher esoterischen Wissenschaft ein System der Erde, eine Theorie der Natur, ein Kunstwerk der Epoche zu gestalten vermochte, daß er den Wert und die Überlegenheit des schöpferischen Genies auch in den Wissenschaften bewies, seine große Beredsamkeit auf einen Gegenstand übertrug, dem sie bisher ganz fremd

«Wie oft finde ich mich in Gedankengesprächen mit Ihnen über diese Fragen, vernehme ich Ihren Widerspruch, bisweilen aber auch – ich will nicht sagen Ihre Zustimmung, aber Ihr aufmerksames Zuhören! Ich wage noch immer nicht, Sie mit all dem mündlich zu behelligen und zu ermüden. Zu meiner Freude wird aber der nächste Kongreß des Deutschen Vereins für Nervenheilkunde (September 1927) in Wien tagen; da werde ich bei Ihnen sein, so oft Sie mich brauchen können.»

Darauf folgte noch etwas Persönliches: «Sie haben mir in der Zeit schwerster Lebensbedrohung in einer Art beigestanden, die mich, abgesehen von allen sonstigen Banden, für immer an Sie fesselt. Nun war mein Leben seither nicht mehr bedroht, wohl aber das eines meiner Kinder, eines sehr lieben, eben zu einer energischen Persönlichkeit heranreifenden 8jährigen Knaben, den wir mitten aus heiterem Himmel nach 14tägigem Kranksein unter großen Qualen verloren haben. Es handelte sich um eine tuberkulöse Meningitis. Es war unser 5. Kind und uns wegen seiner seelischen Zartheit besonders ans Herz gewachsen. Ich konnte es nicht über mich bringen, Ihnen den Tod des Jungen mit einer gedruckten Anzeige anzuzeigen, aber schreiben konnte ich gerade Ihnen auch noch nicht. Hiermit sei es also geschehen. Ich weiß, daß Sie Ähnliches durchgemacht haben, und ein er-

geblieben war, das Talent besaß, anderen seinen Enthusiasmus einzuflößen, und daß er die Naturgeschichte zur populärsten Wissenschaft von ganz Europa machte (Cuvier, Condorcet, Justi), das kann man mutatis mutandis auch von Freud und seiner Lehre sagen. Das Instrument aber, mit dem er diese Lehre schuf, und das er selbst erst erschaffen mußte, ist sein *Deutungsverfahren* ...»

Ferner: «Bedenken wir, daß Erfahren, Deuten, Verstehen nur die personpsychologische Seite der Forschungen Freuds betreffen, also nur dasjenige Studium des Menschen, dessen Endziel es ist, ihn zu verstehen, und dessen Methode, die Wege zu diesem Verstehen aufzuweisen, und bedenken wir, daß wir alles ausgeschlossen haben, was sich auf das naturwissenschaftliche, also dynamische, psychologisch-genetische, physiologische, biologische und entwicklungsgeschichtliche *Erklären* in seinem Lebenswerk bezieht, so bewundern wir den Mut, der so Großes gewollt, den Geist, der es gedacht, die Kraft des Willens, die es ausgeführt.»

wachsenes Kind zu verlieren, ist vielleicht noch schwerer. Meine Frau, die diesem Kind von den ersten Lebenstagen an ihre mütterliche Liebe und Sorge in besonders hohem Maße zugewendet hat und mit ihm besonders verschmolzen war, hat mir den Schlag nicht schwer gemacht, sondern durch ihre absolute Unterwerfung unter das Unvermeidliche ihn tragen helfen.»

«Auch im Hinblick auf die übrigen Kinder ist die triumphierende Sicherheit nun geschwunden und die verschärfte Aufmerksamkeit findet natürlich da und dort etwas.

Ich erwarte von Ihnen keinen Brief, lieber Herr Professor, aber ein *Wort* von Ihnen freut mich und ebenso meine Frau mehr als sonst etwas. In herzlicher Anhänglichkeit immer Ihr L. B.

P. S. Ich habe diesen Brief nicht diktiert, sondern von Hand geschrieben, lasse ihn aber für Sie abschreiben.»

Auf diese Mitteilung antwortete Freud bereits am 15. Oktober 1926 mit einem für das Verständnis seiner Persönlichkeit so bedeutsamen Brief, daß er es wiederum in höchstem Maße verdient, in extenso wiedergegeben zu werden:

«Ich kann es doch nicht unterlassen, Ihnen zu schreiben, nicht ein Wort überflüssigen Beileids, sondern – ja eigentlich nur aus innerem Drange, weil Ihr Brief eine Erinnerung in mir geweckt hat – unsinnig – die ja nie eingeschlafen war. Es ist richtig, ich habe eine geliebte Tochter im Alter von 27 Jahren verloren, aber dies vertrug ich merkwürdig gut. Es war das Jahr 1920, man war zermürbt durch das Kriegselend, durch Jahre darauf vorbereitet, zu hören, daß man einen Sohn oder gar drei Söhne verloren hat. So war die Gefügigkeit gegen das Schicksal vorbereitet. Aber zwei Jahre später brachte ich das jüngere Kind dieser Tochter, ein Kerlchen von 3–4 Jahren nach Wien, wo es meine kinderlose Älteste zu sich nahm und dieses Kind ist uns – Juni 23 – an rapid verlaufender Miliartuberk. gestorben. Es war geistig hoch entwickelt, sodaß der Konsiliarius darauf sogar die noch unsichere Diagnose stützte. Mir stand es für alle Kinder u. anderen Enkel, und seither, seit Heineles Tod, mag ich die Enkel nicht mehr, aber freue mich auch nicht am Leben. Es ist das auch das Geheimnis der Indifferenz – Tapferkeit hat man es genannt – bei meiner eigenen Lebensgefahr. Mein Schicksal hat ja eine Ähnlichkeit mit dem Ihren, auch bei mir ist das Neugebilde nicht wiedergekommen. In dem anderen Punkt, hoffe ich, werden Sie sich der Ähnlichkeit entziehen. Sie sind jung genug, um den Verlust zu überwinden; ich muß ja nicht mehr.

Wenn Sie im Sept. 27 nach Wien kommen u. ich noch da bin, so bin ich nicht in Wien, sondern auf dem Semmering wie die letzten Jahre. Dann kommen Sie hinauf.»

In dasselbe Jahr fällt die von mir, als dem damaligen Präsidenten, vorgeschlagene und mit einmütigem Beifall aufgenommene Ernennung Freuds zum Ehrenmitglied des Schweiz. Vereins für Psychiatrie an Stelle des verstorbenen Emil Kraepelin –. Ich teilte ihm die Ernennung mit der Bemerkung mit, daß es für uns eine Blamage bedeute, daß sie nicht schon längst erfolgt sei und daß ich wohl wisse, daß ihm eine solche Ehrung vor einem Menschenalter oder noch vor zwanzig Jahren Freude gemacht hätte, jetzt aber keinen Eindruck mehr machen werde. «Die Freude und die Ehre liegt also mehr auf unserer Seite als auf der Ihrigen.» Die Antwort hierauf (vom 4. Dezember 1926) lautet:

«Ich danke Ihnen! Sie haben Recht, die Ehrung als solche läßt mich kalt, aber nicht unempfindlich bin ich für ihren Symptomwert, als Beweis des steten Schwindens der Widerstände unter den Psychiatern. Vor 20 oder gar 30 Jahren hätte eine solche Anerkennung der damals noch babyhaften Analyse kaum einen Sinn gehabt. Auch habe ich dergleichen damals nicht erwartet und nicht vermißt. Bei Empfang des offiziellen Schriftstückes werde ich natürlich mit einer formellen Danksagung antworten. Herzlich Ihr Freud.»

In das Jahr 1927 fällt unser Wiedersehen auf dem Semmering. Freud schreibt mir am 15. Juli 1927, daß ich bei meinem angekündigten Besuch im September seine Zeit mit anderen, «Jones, Ferenczi, Laforgue u. a.», werde teilen müssen, daß er nicht mehr so leistungsfähig sei wie in früheren Zeiten und daß sein Vermögen zu sprechen wie zuzuhören seit der Operation sehr gelitten habe. Er hoffe aber, daß ich mich dadurch nicht abschrecken ließe. Ich erwiderte am 25. Juli 1927, ich wüßte nicht, was mich abschrecken könnte und gewiß nicht das Zusammentreffen mit den genannten Herren, die ich ja alle persönlich kenne. Im selben Brief teilte ich ihm mit, daß ich gerade in der neu gegründeten Stiftung «Lucerna» in Luzern, an deren Tagung auch Bleuler und Häberlin gesprochen hätten, mehrere Vorträge über den Traum gehalten hätte, die ich ihm hoffentlich bis Ende des Jahres gedruckt schicken könne. (Es handelt sich um die Schrift *Wandlungen in der Auffassung und Deutung des Traums von den Griechen bis zur Gegenwart*, Berlin 1928, vergriffen.) – Bleuler habe sich sehr gefreut über seinen Brief, den er ihm auf einen Artikel über ihn in der *Neuen Zürcher Zeitung* geschrieben habe und Häberlin bedauere sehr, diesmal nicht mitkommen zu können.

Bei dem Besuch auf dem Semmering traf ich, wenn ich mich recht erinnere (außer Jones), die genannten Herren an, außerdem die sehr liebenswürdige Prinzessin Marie Bonaparte. Über den Besuch selbst habe ich 1936 in einem Aufsatz zum achtzigsten Geburtstag Freuds berichtet[1]. Zu korrigieren habe ich an diesem, dem Aufsatz zur Einleitung dienenden Bericht nur, daß es sich nicht um die Erwiderung von Freuds Besuch bei mir gehandelt hat, da ich ihn ja schon im Jahre 1913 mit Häberlin erwidert hatte. Trotzdem verstehe ich meine Erinnerungstäuschung sehr gut. War mir doch das Wiedersehen auf dem Semmering, das erste nach vierzehnjähriger Trennung, ein ebenso einschneidendes freudiges Erlebnis wie sein damaliger Besuch bei mir. Diese Freude war das Band, das beide Ereignisse in meinem Geist miteinander verband. Die Anspielungen auf Freuds «großen Gedanken» (vgl. den untenstehenden Bericht) beziehen sich auf das dem Aufsatz als Motto vorausgeschickte Wort von Hofmannsthal: «Ein großer Gedanke erfüllt den Genius und feit ihn gegen alles, außer gegen sein Schicksal.»

Der Bericht lautet: «Es war an einem Septembermorgen des Jahres 1927. Den in Wien tagenden Kongreß der deut-

[1] *Schweiz. Archiv f. Psychiatrie u. Neurol.* 1936, Bd. 37, H. 2, sowie in Band II meiner *Ausgew. Vorträge und Aufsätze*, S. 81–104.

schen Neurologen und Psychiater verlassend, war ich zu Freud auf den Semmering geeilt, voll Ungeduld, den unvergeßlichen Besuch endlich zu erwidern, den er mir in schwerer Zeit abgestattet. Ich stand vor der Abreise und wir sprachen von alten Zeiten. Bald kam das Gespräch aber auch jetzt wieder auf das, was uns vor 20 Jahren zusammengeführt und trotz deutlicher Meinungsverschiedenheiten persönlich zusammengehalten hatte, auf sein Lebenswerk, auf seinen ‚Großen Gedanken'. Anknüpfend an einen konkreten klinischen Fall – eine Form schwerster Zwangsneurose –, der uns beide sehr beschäftigt hatte[1], warf ich die Frage auf, wie es zu verstehen sei, daß solche Kranke gerade den letzten, entscheidenden Schritt psychoanalytischer Einsicht, der ihnen vom Arzte zugemutet werden muß, nicht mehr tun können, um allen bisherigen Anstrengungen und technischen Fortschritten zum Trotz in ihrem Elend zu verharren. Als Beitrag zur Lösung dieser Frage glaubte ich darauf hinweisen zu müssen, daß solches Scheitern unserer Kranken doch nur zu verstehen sei aus etwas, das man ganz allgemein nicht anders bezeichnen könne als einen ‚Mangel an Geistigkeit', das heißt als ein Unvermögen, sich auf eine Ebene ‚geistiger Kommunikation' mit dem Arzt zu erheben, von der aus sich ihnen der Blick auf die bestimmte ‚unbewußte Triebregung' öffnen und die Selbstüberwindung, auch noch den letzten entscheidenden Schritt zu tun, ermöglichen lassen müßte[2]. Ich traute meinen Ohren kaum, als ich die Antwort ver-

[1] Vgl. oben S. 73 f. und 84.

[2] Ich glaube nicht zu irren mit der Annahme, daß Freud u. a. den hier gemeinten «konkreten klinischen Fall» im Auge hat, wenn er von den «fünf Arten von Widerständen» den fünften folgendermaßen beschreibt: «Der fünfte Widerstand, der zuletzt erkannte, dunkelste, aber nicht immer schwächste, scheint dem Schuldbewußtsein oder Strafbedürfnis zu entstammen; er widersetzt sich jedem Erfolg und demnach auch der Genesung durch die Analyse» *(Hemmung, Symptom und Angst,* XI, 103). Hat doch Freud selbst als Grund für den ausgebliebenen Erfolg in diesem Fall uneingestandene Todeswünsche gegen den Ehegatten angegeben (oben S. 74). Ich bin der Meinung, daß Freuds und meine Begründung des Scheiterns der Analyse in einem solchen Fall sich keineswegs widersprechen, sondern im Gegenteil stützen.

nahm: ,Ja, der Geist ist alles', wenn ich auch anzunehmen geneigt war, daß unter Geist hier doch noch so etwas wie Intelligenz verstanden wurde. Dann aber fuhr Freud fort: ,*Die Menschheit hat ja gewußt, daß sie Geist hat; ich mußte ihr zeigen, daß es auch Triebe gibt.* Aber die Menschen sind immer unzufrieden, sie können nicht warten, wollen immer etwas Ganzes und Fertiges; *irgendwo fängt man aber doch an und schreitet nur langsam vorwärts.*' Ermuntert durch dieses Zugeständnis ging ich einen Schritt weiter, erklärend, daß ich so etwas wie eine religiöse Grundkategorie im Menschen anerkennen müßte; es sei mir jedenfalls unmöglich, zuzugeben, daß ,das Religiöse' ein irgendwie und von irgend etwas *ableitbares* Phänomen sei. (Dabei dachte ich natürlich weder an die ,Entstehung' einer bestimmten Religion, noch an diejenige ,der Religion' überhaupt, sondern an das, was ich seither als das religiöse Ich-Du-Verhältnis zu bezeichnen gelernt habe.) Nun hatte ich aber den Bogen der Übereinstimmung überspannt und bekam sein Gegenstreben zu spüren: ,Religion entsteht', so erklärte Freud kurz und bündig, ,aus der Hilfsbedürftigkeit und Angst des Kindes und der jungen Menschheit, da gibt es nichts zu rütteln.' Dabei zieht er seine Schreibtischschublade heraus: ,Jetzt ist der Moment, daß ich Ihnen etwas zeige', legt mir ein fertiges Manuskript vor, das den Titel trägt: *Die Zukunft einer Illusion* und blickt mich lächelnd-fragend an. Ich errate aus dem ganzen Gang der Situation leicht, was dieser Titel bedeutet. Inzwischen war der Augenblick des Abschieds herangekommen. Freud geleitete mich an die Türe. Seine letzten, von einem weisen, leicht ironischen Lächeln begleiteten Worte lauteten: ,Ich kann Ihre religiösen Bedürfnisse leider nicht befriedigen.' Nie ist mir der Abschied von dem verehrten Freund und großen Manne schwerer geworden als in diesem Augenblick, da er mir, im vollen Bewußtsein des ,großen Gedankens', der sein gigantisches Ringen erfüllte und zum Schicksal seines Genius ward, die Hand reichte[1].» –

[1] In seinen Persönlichen Erinnerungen an Freud (Sonderdruck aus *Die Vorträge der 5. Lindauer Psychotherapiewoche*, 1954, Stuttgart 1954) berichtet Laforgue, Freud habe ihm bei einem gemeinsamen Spaziergang

Wie tief dieser Besuch bei Freud auf dem Semmering auf mich gewirkt hat und wie frisch und «ungebrochen» ich Freud vorgefunden habe, möge ein Ausschnitt aus meinem Brief vom 24. September 1927 zeigen:

«Trotzdem Sie meine ‚religiösen Bedürfnisse' nicht befriedigen konnten, habe ich mich über den Besuch bei Ihnen ganz riesig gefreut; gefreut ist zu wenig gesagt, da der Besuch für mich ein wirkliches Lebensereignis war, in rein persönlicher, aber auch in ‚geistiger' Hinsicht. Vor allem habe ich mich natürlich gefreut, Sie derartig frisch und jugendlich anzutreffen und ich hoffe nur, daß Ihre Frische mich nicht verleitet hat, Sie doch zu sehr zu ermüden. Von unsern Gesprächen ist mir jedes Wort noch im Ohr und ich habe vieles zur Vertiefung und Abrundung meiner Kenntnis Ihrer Lehren und Ihrer Person gelernt. Ich habe sehr das Verlangen nach einer gelegentlichen Wiederholung unseres Kontaktes und hoffe, daß ich Ihnen das nächste Mal meinen Sohn mitbringen kann. Zunächst hoffe ich, Ihnen mein kleines Buch über die ‚Wandlungen in der Auffassung und Deutung des Traumes von den Griechen bis zur Gegenwart' senden zu können, als kleines Zeichen meiner Dankbarkeit; es wird immerhin frühestens an Weihnachten erscheinen. – Meine Frau hat sehr bedauert, daß sie nicht mit mir oben war und sie läßt Sie und Ihre Damen auf's herzlichste grüßen. – Trotz meinen Gripperesten kam ich erholt und verjüngt vom Semmering nach Wien zurück, und es ist das beste Zeichen Ihrer ungebrochenen Vitalität und Geistigkeit, daß Sie anderen so viel Frische mitteilen können.»

Am 21. Februar 1928 wiederhole ich, wie glücklich ich

im Jahre 1928, also nur ein Jahr später, gesagt. «Die Zukunft einer Illusion ist mein schlechtestes Buch.» «Es ist übrigens kein Buch von Freud» (S. 47). – Ich selbst könnte mir auf einen solchen «Gesinnungswechsel keinen Vers machen, gesetzt, daß ein solcher mit dieser Äußerung gemeint sein sollte, um so weniger als Freud noch in seinem Brief vom 8. Oktober 1936 (vgl. unten S. 115) die Religion als «Menschheitsneurose» bezeichnet; ebenso wenig kann ich an eine «Verkennung der Macht seines eigenen religösen Über-Ich» bei Freud glauben, sowie daran, daß die *Zukunft einer Illusion* und *Das Unbehagen in der Kultur* aus diesem «Zwiespalt» herausgewachsen sein könnten (S. 46).

sei, Freud wieder gesehen und mit ihm gesprochen zu haben. Aus meinen neuen Arbeiten werde er wieder ersehen, daß ich «nicht alle seine Gedankengänge mitmachen» könne. Trotzdem oder gerade deswegen fühlte ich mich immer als sein Schüler. Die Zukunft «seiner» Illusion hätte ich seither in Erinnerung an unser Gespräch mit großem Interesse gelesen und ich würde mich derentwegen gerne noch mehrere Male mit ihm «herumschlagen», selbst auf die Gefahr hin, daß er meine «religiösen Bedürfnisse» noch mehr überschätzen würde. – Ob die Schweiz ihn wirklich nicht mehr sehen werde?

Darauf erhielt ich von Freud den in meiner Sammlung enthaltenen einzigen Brief dieses Jahres von 26. April. Er lautet:

«Nein, es steht fest ich werde die Schweiz nicht mehr sehen. Ich weiß jetzt schon, daß Konstanz am Bodensee liegt und habe es unlängst öffentlich verkündet. Der Garten der Villa Schüler auf dem Semmering ist immer bereit, Sie aufzunehmen, wenn sich das Bedürfnis bei Ihnen regt, mit Ihrem alten Freund zu diskutieren. – Ich höre gern, daß es bei Ihnen gut geht.»

Außer diesem Brief bewahrt mein Gedächtnis aber noch einen zweiten Brief aus diesem Jahre auf. Er enthält die Antwort auf mein oben erwähntes «Traumbüchlein», weswegen ich ihn zeitlich so bestimmt zu «lokalisieren» vermag. Ich erwähne zunächst Freuds Bedauern darüber, daß mein Literaturverzeichnis so viele Namen enthielte, die ihm entgangen seien, weshalb er sich entschlossen habe, das Literaturverzeichnis in seiner Traumdeutung künftig wegzulassen. Dieser Entschluß war mir um so unbegreiflicher, als ich mir bewußt war, wie unvollständig auch mein eigenes Verzeichnis noch sein mußte, da von Vollständigkeit auf diesem Gebiet keine Rede sein kann. Die zweite Äußerung ist mir im Gedächtnis haften geblieben, weil sie für Freuds Denk- und Ausdrucksweise wieder überaus kennzeichnend ist. Sie bezieht sich auf den Schlußpassus der kleinen Schrift. Ich gehe hier – philosophisch noch sehr naiv – davon aus, daß «eine Gesamtanschauung aus den Einzelperspektiven oder Aspekten dem Universum gegenüber» nur die Metaphysik zu geben vermöchte, um dann mit folgenden Sätzen zu schließen:

«Gerade jeder neue Eroberungszug der positiven Wissenschaft in ein ihr bis dahin verschlossenes Gebiet fordert gebieterisch eine Vertiefung oder Ergänzung ihrer Resultate durch die metaphysische Spekulation. Zwar werden wir nicht eine Metaphysik des Traumes fordern, das hieße, unsere Auffassung zu pedantisch verstehen, aber wenn irgendwo, so treibt es uns hier, eine Metaphysik des Geistes zu postulieren und zu ahnen, und wohin muß uns das anders führen als zur Idee von Gott?» *(Wandlungen in der Auffassung und Deutung des Traumes von den Griechen bis zur Gegenwart,* S. 109 f.)

Darauf Freud, offenbar auf das letzte Wort zielend: «Einen rechten Alkoholrausch lasse ich mir noch gefallen, einen alkoholfreien aber – – –» (leider ist mir der genaue Wortlaut der Ablehnung entfallen. Dem Sinne nach könnte er lauten: «kann mir gestohlen werden»).

In das Jahr 1929 (6. April) fällt der, in das Leben meiner Frau und in mein eigenes tief einschneidende, unter tragischen Umständen erfolgte Tod unseres ältesten Sohnes in seinem zwanzigsten Lebensjahr. Ich teilte dies Freud damals von Hand mit. Darauf erhalte ich folgende Antwort (11. und 12. April 1929):

«Ich weiß nicht, war es 1912 oder 1913, daß ich Sie aufsuchte und Sie so tapfer fand, daß Sie sich für immer eine hohe Stelle in meiner Achtung erwarben. Die Jahre seither haben, wie Sie wissen, einen ziemlich bresthaften alten Mann aus mir gemacht. Ich kann nicht mehr reisen, um Ihnen die Hand zu drücken.

12. 4. 29. Gerade heute wäre meine verstorbene Tochter 36 Jahre alt geworden. Ich war gestern in Gefahr, einen bösen Mißgriff zu begehen. Ich begann Ihren Brief zu lesen, entdeckte einzelne liebe Worte, die ich nicht gern gemißt hätte, verstand aber nicht einen Satz zusammen zu fügen, und je weiter ich kam, desto rätselhafter wurden mir Ihre Schriftzeichen. Ich überlegte, ob ich Ihnen nicht Ihren Brief zurückschicken sollte, mit dem scherzhaften Ausdruck der Entrüstung und der Bitte, ihn umgeschrieben wiederzusenden. Da bot sich meine Schwägerin zur Hilfe an und gab

mir die erschütternde Auskunft, welche Nachricht die späteren Seiten des Briefes enthalten, dann begriff ich auch, warum Sie sich diesmal nicht des Diktats in die Maschine bedient hatten.

Man weiß, daß die akute Trauer nach einem solchen Verlust ablaufen wird, aber man wird ungetröstet bleiben, nie einen Ersatz finden. Alles, was an die Stelle rückt, und wenn es sie auch ganz ausfüllen sollte, bleibt doch etwas anderes. Und eigentlich ist es recht so. Es ist die einzige Art, die Liebe fortzusetzen, die man ja nicht aufgeben will. Ich bitte Sie, mich Ihrer lieben Frau herzlich zu empfehlen. In alter Freundschaft Ihr alter Freud.»

Meine Erinnerungen sollen, wie schon eingangs betont, Freud in erster Linie als Menschen zeigen, nicht nur als Forscher. Aus dem Schlußpassus dieses Briefes ist, wenn wir ihm mit den Ausführungen über «Traum und Melancholie» vergleichen, an einem einzigen Beispiel zu ersehen, wie weit der Mensch Freud den Forscher an Weite und Tiefe der «Menschlichkeit» überragt. Das habe ich auch in meiner Rede zum achtzigsten Geburtstag zum Ausdruck gebracht.

Auf unsern üblichen Geburtstagsgruß erwidert Freud, es erübrige sich, mir und meiner Frau in vielen Worten zu danken. «Gewiß, ich habe manches Schöne im Leben gehabt, im Ganzen war es schwer. Ich war gerne bereit, andere lieb zu haben, so wie z. B. Sie, aber viele haben es mir unmöglich gemacht.»

Am 3. Mai 1929 schreibe ich Freud: «In meinem jetzigen Dasein gibt mir der bloße Gedanke Ihres Daseins Halt und Ansporn zum Aushalten und zu weiterer Arbeit.»

«Ich glaube, daß das Bewußtsein, Ihren Freunden in der Not und im Dunkel ein Halt und Trost sein zu können, nicht der geringste Wert ist, der Ihrem Dasein zukommt. So wiederhole ich heute meinen Dank für alles, was Sie mir durch Ihre Werke und Ihre Person in einem Vierteljahrhundert gegeben haben, bis zu Ihren teilnehmenden Worten beim Tode meines ältesten Sohnes.»

Und am 27. Dezember 1929: «Mich hat der Verlust meines ältesten Sohnes zu größerer Produktivität und größerem

Fleiß angeregt. Da er nun meine praktische und wissenschaftliche Arbeit nicht fortsetzen kann, habe ich das Gefühl, nun auch für ihn arbeiten zu müssen, so kann ich auch seine Existenz am besten fortsetzen. Meine Frau hat in bewundernswerter Weise alle ihre Energie auf die Erziehung und das Wohl unserer anderen Kinder konzentriert und ist auf diese Weise tätig und gesund geblieben.»

Nach diesem Hauptereignis des Jahres 1929 mag noch ein Brief Freuds vom Januar dieses Jahres nachgetragen werden, den Jones freundlicherweise auf meine Mitteilung hin im 2. Band seiner Biographie (S. 144) im Auszug erwähnt hat. Freud schreibt nach dem Dank für meinen Neujahrsbrief:

«... Ganz abweichend von so vielen anderen haben Sie nicht zugelassen, daß Ihre intellektuelle Entwicklung, die Sie meinem Einfluß immer mehr entrückte, auch unsere persönlichen Beziehungen zerstöre, und Sie wissen nicht, wie sehr eine solche Feinheit dem Menschen wohltut. – trotz der von Ihnen gerühmten Indifferenz, die das Alter mit sich bringt.»

Auch Jones sieht im Inhalt dieser Zeilen einen Gegenbeweis gegen Freuds «Tyrannei und Dogmatismus». Was im übrigen das Wort «Feinheit» betrifft für etwas, das für mich selbstverständlich war, so wirft es ein grelles Licht auf die Schwere und Herbheit seiner Lebenserfahrungen. Freud schreibt dann weiter: «Ich bestätige gerne Ihre Vermutung, daß ich gegenwärtig keine gesundheitlichen Sorgen in der Familie zu verfolgen habe. Selbst meine bald voll 94jährige Mutter erhält sich auf gutem Niveau, sperrt mir so allerdings den Weg, den ein alter Mann offen haben sollte. In materieller Hinsicht hat die Familie die Schäden des großen Krieges nicht überwunden. Mit sinkender Kraft muß ich noch für eine Anzahl jüngerer Leute miterwerben. Unter meinen 7 Enkelkindern ist manches reizende Stück, an das 1923 verlorene kann ich nicht vergessen. Diesen Sommer wollen wir nicht mehr auf dem Semmering zubringen, wissen aber nicht, wohin wir gehen sollen. Unsere Symbiose mit einer amerikanischen Familie (ohne Mann), deren Kinder meine Tochter mit fester Hand analytisch großzieht, befestigt sich immer mehr, sodaß auch unsere Bedürfnisse für den Sommer gemeinsame sind. Unsere beiden Hunde, der treue Wolf und die sanfte Chinesin Lun Yug sind die jüngste Vergrößerung der Familie.»

Aus dem Jahre 1930 finde ich nur eine Briefkarte Freuds vom 1. Januar mit einem «Prosit Neujahr» und dem Ausdruck der Freude «über die Stärke und Würde, die Sie der Schwere des Lebens entgegensetzen», aus dem Jahre 1931 nur meinen Glückwunschbrief zum 75. Geburtstag und seine gedruckte Antwortkarte mit handschriftlich hinzugefügten «wärmsten Wünschen für Ihr und der Ihrigen Wohlergehen».

Am 13. April 1932 melde ich Freud, daß ich auf den 21. April 1932 zu einem Vortrag im Akademischen Verein für Medizinische Psychologie in Wien erwartet würde. Meine Tochter, die in München Nationalökonomie studiere, würde mich begleiten. Es sei immer mein Wunsch gewesen, ihm noch meinen ältesten Sohn zeigen zu können, ich hoffe aber, er werde auch an meiner Tochter Freude haben. Ich erwartete sehr, ihn am 22. oder 23. sehen zu dürfen. Wir waren dann, wie ich meinem Tagebuch entnehme, am 22. April von 5 bis 6 Uhr abends bei Freud. Ich fand ihn «geistig sehr frisch und in seinem ganzen Auftreten völlig unverändert». Ich berichtete ihm ausführlich von meinem Sohn, nach dessen Krankheit er sich eingehend erkundigte. Nach seinen Söhnen befragt, antwortete er: «Sie haben ihre Schicksale.» Über Bleuler, der ihn vor kurzem besucht hatte, äußerte er sich wieder ziemlich despektierlich, hingegen sprach er in hoher Bewunderung von der Prinzessin Marie Bonaparte und ihrer Leistung. Am andern Tag besuchten wir Frau Professor Freud, mit der ich eingehend über meine Gefühle für ihren Mann sprach, und deren Schwester. Ich sehe noch, wie Freud plötzlich für einen Augenblick ins Zimmer trat und meiner Tochter in seiner liebenswürdigen Weise das mit einer Widmung von ihm versehene Buch des von ihm hochverehrten «schlichten großen Mannes» Josef Popper-Lynkeus[1] *Die allgemeine Nährpflicht* überreichte.

[1] Vgl. Freud «Josef Popper-Lynkeus und die Theorie des Traumes», *Ges Schr.* XI, S. 295 ff., sowie «Meine Berührung mit Josef Popper-Lynkeus», *Ges. Schr.* XII, 415 ff.

Das Jahr 1933 bringt nur eine Postkarte, die Jahre 1934 und 1935 überhaupt nichts. Hingegen fällt in das Jahr 1934 eine Einladung unsererseits an Anna Freud, uns anläßlich des Luzerner Internationalen psychoanalytischen Kongresses wenn immer möglich in Kreuzlingen zu besuchen. Leider kam das für sie nicht in Frage, da sie ihre durch den Kongreß bedingte Abwesenheit von Wien so kurz als nur irgend möglich bemessen wollte. Ihr Vater brauche sie für so vielerlei, daß ihr das Weggehen von Wien immer schwer werde. Ich sprach mit ihr dann in Luzern über die mir so schmerzliche Divergenz zwischen meiner Liebe zu ihrem Vater und der Unmöglichkeit, auf einem administrativen Posten «propagandistisch» für sein Werk zu wirken. Sie meinte, auch ihr sei es am Anfang schwer geworden, mit der Zeit lerne man es aber doch.

In das Jahr 1936 fiel Freuds achtzigster Geburtstag. Er gab mir zweimal Gelegenheit, mich über die psychoanalytische Lehre und ihr Verhältnis zur Psychiatrie, über Freuds geistige Gestalt und über den Menschen Freud auszusprechen. Die erste Gelegenheit brachte die Aufforderung der Redaktion des Schweizer Archivs für Psychiatrie und Neurologie, zu Ehren von Freuds achtzigstem Geburtstag einen Festartikel zu schreiben. Es handelt sich um den Aufsatz «Freud und die Verfassung der klinischen Psychiatrie», dessen Einleitung – unser Gespräch auf dem Semmering betreffend – ich bereits oben wiedergegeben habe[1]. Hinsichtlich des gesamten Inhalts dieses Aufsatzes muß ich auf das Original verweisen. Erwähnt sei hier nur, daß sich gerade von jenem Gespräch aus die Frage ergibt, ob wir bei Freud stehen bleiben dürfen oder über ihn hinausgehen müssen. Diese Frage sei sofort positiv zu beantworten, wenn wir einsähen, daß wir, wie schon jenes Gespräch mit aller Deutlichkeit zeige, Freuds Lehre nicht mit seiner Gesamtexistenz identifizieren dürften; denn diese weise durchaus über seine Lehre hinaus. Das aber bedeute, daß wir über die Psychologie, Psychoanalyse und Biologie «hinaus» zu einer Anthropo-Logie gelangen müß-

[1] Vgl. S. 96 f.

ten. Anderseits aber wird in dem Aufsatz gezeigt, daß sich Freuds Lehre in ihrer «grandios konsequenten Einseitigkeit» – nämlich die Menschheit nur aus der Naturhaftigkeit oder dem «Leben» zu verstehen – mit der «Verfassung der klinischen Psychiatrie» begegnet. Dies wird sodann in der Konfrontation mit dem Verfasser der Magna Charta der Psychiatrie, mit Griesinger also, ferner mit Meynertz und Wernicke, Bleuler u. a. näher ausgeführt. Außerdem wird hier erstmals die große Bedeutung von Hughlings Jackson auch für die *psychologischen* Auffassungen und Begriffssysteme Freuds, insbesondere hinsichtlich der Neurosen, betont.

Was das Verhältnis von Freuds Untersuchungsmethode und Therapie zur Verfassung der klinischen Psychiatrie betrifft, so wird hier weiterhin ausgeführt, daß Freud die psychiatrische Untersuchungstechnik überhaupt erst zum Range einer im vollen Sinne des Wortes medizinisch-ärztlichen Technik erhoben und die Therapie aus ihrem bisherigen Bereich «in den völlig neuen Bereich einer von bestimmten *hermeneutischen* Gesichtspunkten und Regeln geleiteten psychologischen *«Situations-* und *Entwicklungstherapie»* gestellt hat. Dabei wird immer wieder betont, daß die Psychoanalyse die einzige psychiatrische Forschungsrichtung ist – wir müssen heute hinzufügen: mit Ausnahme der Daseinsanalyse –, die nicht «den tatsächlichen Inhalt des menschlichen Seelenlebens in seinem ganzen Reichtum unberührt» läßt, wie schon Griesinger es dem Materialismus vorwarf. Und wenn derselbe Griesinger bereits auf die «Gemütsinteressen» und ihren Zusammenhang mit dem Wahnsinn hingewiesen hat, so macht doch erst die Psychoanalyse mit diesem Grundgedanken der psychiatrischen Verfassung ernst, indem sie ihn durch alle Hindernisse und Schwierigkeiten hindurch in äußerster Konsequenz und Unerbittlichkeit durchführt. Damit füllt die Psychoanalyse, so heißt es hier weiter, nicht nur eine überaus empfindliche Lücke im Ausbau der psychiatrischen Verfassung aus, sondern vertieft sie zugleich deren eigenen Gedanken. «Der *Mensch* ist nun nicht mehr lediglich ein beseelter Organismus, sondern ein sein Leben sterbendes und seinen Tod lebendes, dem endlichen Lebensprozeß auf dieser

Erde entstammendes ‚Lebewesen', die *Krankheit* nicht mehr eine von außen oder innen kommende Störung der Substanz oder Funktionsweise des Organismus, sondern Ausdruck einer Störung des ‚normalen' Lebensablaufs auf dem Weg zu seinem Tod[1].» Hierauf folgt dann aber bereits die durch meine Beschäftigung mit der Daseinsanalyse gewonnene Einsicht, daß der Mensch hier doch noch nicht im vollen Sinne des Wortes Mensch ist: «denn Mensch sein bedeutet nicht nur eine von dem lebend-absterbenden Leben gezeugte, in es hineingeworfene und von ihm umhergetriebene, gestimmte und verstimmte Kreatur sein, sondern es bedeutet ein, seinem und der Menschheit Schicksal ins Auge schauendes und für es entschlossenes, ‚standhaftes', also seinen *eigenen* Stand habendes oder *selb-ständiges* Sein». «Daß wir von den Mächten des Lebens gelebt werden, ist nur die eine Seite der Wahrheit; die andere ist, daß *wir* sie als unser Schicksal bestimmen. Erst *beides* vermag das volle Problem des Sinns wie das des Wahn-Sinns zu umfassen. Wer, wie Freud, sein Schicksal mit dem Hammer geschmiedet hat – davon zeugt schon allein das Kunstwerk, das er in dem Element der Sprache geschaffen hat – vermag dies am wenigsten zu bestreiten[2].»

Die zweite Gelegenheit zu einer öffentlichen Auseinandersetzung mit der Psychoanalyse bot mir die Aufforderung des Akademischen Vereins für Medizinische Psychologie in Wien, am 7. Mai den wissenschaftlichen Festvortrag zu Ehren des achtzigsten Geburtstags von Freud zu halten, worauf am 8. Mai Thomas Mann sprechen werde. Mein Vortrag trug den Titel: «Freuds Auffassung des Menschen im Lichte der Anthropologie[3]». Thomas Manns Vortrag war betitelt: «Freud und die Zukunft[4].»

Ich machte Freud am 30. März 1936 mit großer Freude von jener Aufforderung Mitteilung, hinzufügend, ich be-

[1] *Ausgew. Vorträge und Aufsätze* II, S. 103 f.
[2] Ebd. S. 104.
[3] *Nederl. Tijdschr. voor Psychologie*, Jg. 4, 1936, und *Ausgew. Vorträge und Aufsätze* I, S. 159–190.
[4] Bermann-Fischer Verlag, Wien 1936.

trachtete es als eine Krönung unserer alten Freundschaft, daß ich bei einem so feierlichen Anlaß in seiner Vaterstadt das Wort ergreifen dürfe. Zur Bekräftigung dieser Freude erwähnte ich, daß ich vor kurzem unsere ganze Korrespondenz wieder durchgelesen und dabei wiederum konstatiert hätte, «wie viel Leid und Freud – es war mehr Leid als Freude – wir miteinander geteilt haben». «Jedenfalls haben Sie gerade an den drei schwersten Ereignissen meines Lebens, meiner damaligen Krankheit und dem Tode meiner beiden Söhne, so Anteil genommen und so zu mir gehalten, wie nur wenige. Das sind Dinge, die man im Leben nie vergelten kann!»

Der Zweck meines heutigen Briefes sei aber noch ein anderer: ich wolle ihn fragen, ob er mir erlaube, in meinem Vortrag in Wien und in einem Aufsatz in einer Zeitschrift (dem Schweizer Archiv) die eine oder andere Erinnerung aus meinen Gesprächen mit ihm oder das eine oder andere Zitat aus einem Brief von ihm wörtlich wiederzugeben.

Die Antwort vom 4. April 1936 ist wiederum so «sprechend» für Freuds Sein und Gewordensein, daß ich sie in extenso wiedergebe:

«Lieber Freund Ich hatte schon gehört, daß Sie vom Verein f. Mediz. Psychologie aufgefordert wurden, eine Rede zur Feier meines 80sten Geburtstags in Wien zu halten. Ich hörte es mit gemischten Gefühlen, aber die Befriedigung, Sie wieder sehen zu können, war doch die stärkste Komponente in dem Gemenge. Ich bin vom Alter genug geplagt, aber zum Glück ist doch keine Rede davon, daß es mir schwer würde, Sie bei mir zu empfangen. Was die Quelle jener anderen widerstrebenden Gefühle betrifft, so wollen Sie bedenken, wie ungern ich überhaupt mich als Objekt einer ‚Feier' sehe. Bei meinen Nächsten wird nichts dergleichen geschehen. Die Eröffnung des neuen Heims der Wiener Vereinigung wird der würdigste Ersatz einer Feierlichkeit sein. Den anderen Veranstaltungen stehen wir fremd gegenüber. Und nun nehmen Sie Folgendes dazu: die Leute vom Akad. Verein und die von ihnen bestellten Redner, außer Ihnen und dem braven Th. Mann, ... (folgen einige Namen zum

Teil noch Lebender) sind weder meine Freunde noch Freunde der Analyse. Es sind feindselige Indifferente, mehr das eine oder das andere. – Was sie für Motive haben, eine solche Feier zu machen, ist nicht leicht zu sagen. Reines Bedürfnis, Freundschaft u. Anerkennung zum Ausdruck zu bringen, ist es sicherlich nicht. Vielleicht ist es nach amerikanischem Muster der Kultus der hohen Jahre, vielleicht wenig respektable Absichten, auf die Öffentlichkeit zu wirken. Genug, ich kann mich über das Ganze nicht freuen, an plötzliche Sinnes- und Urteilsänderung zu einem bestimmten Termin nicht glauben. Warum? Ich will Sie gewiß nicht beeinflussen, was Sie sagen und nicht sagen sollen, auch Ihnen die Freude an der übernommenen Aufgabe nicht zerstören, aber ich darf Sie doch an die Situation mahnen und Sie bitten, mit den Intimitäten unserer Freundschaft vor diesen Fremden zurückzuhalten. Wir haben einander durch ein Vierteljahrhundert die Treue gehalten wie selbstverständlich und wenig Aufhebens davon gemacht. Grüßen Sie mir Frau u. Tochter herzlich. Ich werde mich Ihres Besuches sehr freuen, wenn es mir im Mai nicht schlechter geht als jetzt. Ihr alter Freud.»

Der lapidare Satz: «Wir haben einander durch ein Vierteljahrhundert die Treue gehalten wie selbstverständlich und wenig Aufhebens davon gemacht», wurde schon im Vorwort erwähnt und als einer der Hauptgründe dafür bezeichnet, daß ich mit der Niederschrift dieser «Erinnerungen» so lange gezögert habe.

Wenn jemand aus diesem Briefe Freuds den unversöhnlichen Hasser herauslesen will, so sei er an die Frage gemahnt, die Wilhelm Raabe einmal stellt: «Wird nicht fast alles Große mit gefesselter Faust gewonnen?» Freuds Faust war, wie wir wissen, viele Jahre lang «gefesselt», gefesselt von Verfemung und Erniedrigung, von Hohn und Spott. Wer könnte es der Faust verargen, wenn sie die Spuren einer so tief und lange in ihr Fleisch einschneidenden Fessel nie vergißt und wer könnte von ihr verlangen, daß sie sich wieder zu öffnen vermöchte wie eine Hand, der solche Malträtierung nie widerfahren? –

Ich antwortete Freud, wie sehr ich mich gefreut hätte, seine Schriftzüge wieder einmal vor Augen zu haben und zu hören, daß es ihm gut gehe. «Gehört doch Ihre Freundschaft zum wertvollsten Besitz meines Lebens.» Wenn er von Feindseligen spräche, so erinnere ich ihn an die Worte Goethes:

«Was klagst Du über Feinde?
Sollten solche je werden Freunde,
Denen das Wesen, wie du bist,
Im Stillen ein ewiger Vorwurf ist?»

Im übrigen habe sich meine Frage nicht auf die Wiedergabe von «Intimitäten» bezogen, sondern auf einige wenige sachliche Bemerkungen seinerseits (wie zum Beispiel diejenige auf dem Semmering). So sehr ich mich trotz allem auf den Vortrag freue, so sehr überwiege doch die Freude des Wiedersehens.

Am 4. Mai 1936 gratulierte ich Freud schriftlich zum achtzigsten Geburtstag, «in Erinnerung an alles, was wir zusammen erlebt haben, und was Sie wissenschaftlich und freundschaftlich für mich bedeuten».

Hinsichtlich meines Vortrages beruhigte ich ihn nochmals: es käme mir dabei nicht auf eine Lobpreisung an, «sondern auf eine rein sachliche Würdigung und Auseinandersetzung». Meine Frau käme mit mir und freue sich ebenfalls herzlich, ihn wiederzusehen. Wir hofften, ihn am 8. kurz besuchen zu dürfen.

Was den Vortrag selbst betrifft, so gliedert er sich in drei Teile. Der erste trägt den (von Nietzsche entnommenen) Titel: Die Idee des homo natura, der zweite den Titel: Der Ausbau der Idee des homo natura zur naturwissenschaftlichen Theorie und deren Bedeutung für die medizinische Psychologie; die Überschrift des dritten Teiles aber lautet: Die Idee des homo natura im Lichte der Anthropologie. Wie schon aus diesen Überschriften hervorgeht, erfolgte die «Auseinandersetzung» hier also in erster Linie mit Freuds «einseitigem» Naturalismus. Man ersieht daraus u. a., warum ich mit meinen früheren Versuchen, die Psychoanalyse darzustellen, nicht zu einem Ende kommen konnte. Mußte mir doch erst klar geworden sein, daß, unbeschadet des Wissens darum, daß und inwiefern Freud die Einsicht in das Menschenwesen – vielleicht zum erstenmal seit Aristoteles – radikal erweitert und vertieft hat, diese Einsicht in ein theoretisch-wissenschaftliches Gewand gekleidet war, das mir insgesamt als zu «einseitig» und zu eng erscheinen mußte[1]. Daß ich es wagte, Freud deswegen in einem Festvortrag zu seinem achtzigsten Geburtstag *«zur Rechenschaft zu ziehen»*, und daß er es mir nicht verübelte, erwies sich von neuem nicht als unvereinbar mit unserer Freundschaft.

Der Vortrag, an dem Freud selbst natürlich nicht zugegen sein konnte, stieß bei den Psychoanalytikern, und wohl bei den meisten Hörern, auf sehr wenig Verständnis. Er war aber auch von vornherein nicht nur auf den Moment und die Hörer, sondern vor allem auf die Zukunft und die wissenschaftliche Allgemeinheit berechnet. Diese «Berechnung» hat sich in der Tat als richtig erwiesen.

Wenn ich hinsichtlich des Vortrags selbst wieder auf das Original verweisen muß, so sei hier doch der Schlußpassus hergesetzt (die Anmerkungen ausgenommen), und zwar wegen der schon in dem Aufsatz im Schweizer Archiv angetönten Diskrepanz zwischen dem Bild, das Freud vom Neurotiker entwirft, und seiner eigenen vorbildlichen Existenz als Erforscher der Wahrheit.

«Entdeckt Freud immer wieder, daß die Menschheit wie der Einzelne ‚über ihrem Stand leben', so heißt das nicht, daß das Lustprinzip das gesamte menschliche Leben beherrscht, sondern nur, daß der Mensch in seiner Alltäglichkeit das Dasein auf eine ganz bestimmte, *sich-treiben-lassende* Weise, *zu leicht nimmt*, es *sich mit* dem Dasein *zu leicht macht.* Eine der Formen solchen Zuleichtnehmens und Zuleichtmachens sind, wie Freud der Menschheit gezeigt hat, die Neurosen, diese erwachsenen Formen infantilen, d. h.

[1] Hier muß darauf hingewiesen werden, daß ich Freuds Naturalismus heute nicht mehr nur negativ bewerte, mit anderen Worten, daß ich gelernt habe, zwischen dem vergänglichen naturalistischen Gewand der Lehre und ihrem «ewigen» Gehalt zu unterscheiden.

unselbständigen, am Augenblick hängenden und hängengebliebenen, *sich selbst* undurchsichtigen Lebens. Die eigentliche Weise solchen vom Augenblick bedrängten und in ihm aufgehenden Daseins aber ist das Wünschen, das Wünschen ‚*über*' das Schicksal, die maßlose *Phantasie.* Ihr gegenüber steht das Schaffen in der Wahrheit, das Tun und Sagen der Wahrheit, wie es uns in Freuds eigener Existenz entgegen- und vorleuchtet. Das ‚abendländische Aktivitätskommando', von dem Thomas Mann einmal spricht, ist recht eigentlich das Kommando zum Suchen und Künden der wissenschaftlichen und künstlerischen Wahrheit. Zum ersten Mal ist dieses Kommando erklungen und vernommen worden im Zeitalter der Griechen, zum zweiten Mal, schriller und befehlender, im Zeitalter der beginnenden Naturwissenschaft, am schrillsten, am drängendsten und bedrängensten aber in unserer Zeit, dem Zeitalter der wissenschaftlichen Technik. Anstatt aber in dem Hause, das er in harter Arbeit erbaut hat, eine Stätte, ein Heim, ein Ziel zu finden, ist der abendländische Mensch, je mehr er jenes Kommando befolgt hat, um so rascher ins Rollen gekommen: ‚Seit Kopernikus', sagt Nietzsche, ‚rollt der Mensch aus dem Zentrum ins x.' Je weniger das Wünschen dieses Schicksal des Menschen aufhalten konnte, desto weniger vermochte dieses Schicksal das Wünschen zu bändigen; je mehr das Schicksal den Menschen an Maß, Zahl und Gewicht gewöhnen wollte, um so maßloser wurde sein Wünschen; denn es ist, um nochmals mit Nietzsche zu reden, mit dem Menschen wie mit dem Baume: ‚Je mehr er hinauf in die Höhe und Helle will, um so stärker streben seine Wurzeln erdwärts, abwärts, ins Dunkle, Tiefe, – ins Böse.' In der Mitte zwischen Gut und Böse, in der Schwebe zwischen Steigen und Fallen, im Ausgleich zwischen Wunsch und Schicksal, kann sich jetzt nur noch halten, vermag das leidvolle Leben nur noch ‚auszuhalten' der produktive, das heißt immer der die *Wahrheit* liebende und sie *suchende,* also der *wandlungsfähige* Mensch, der Mensch, dem das Aktivitätskommando nicht Befehl und Peitsche, sondern Auftrag und Sendung ist ‚auf Leben und Tod', der *Forscher* und der *Künstler.* So steht Freud in seiner geschichtlichen Existenz vor uns als der paradigmatische Mensch seines Säkulums. Ihm gegenüber erblicken wir, als das andere *Extrem,* die Vielen, Allzuvielen, aus denen er die Idee des ‚homo natura' erschaut und erarbeitet hat, die Unproduktiven und Wahrheitsflüchtigen, die Unerlösten und dem Leid Ausweichenden, die Wandlungsunfähigen und Unfreien, die Allzuguten und Allzubösen, die sich weder des Steigens getrauen noch des Fallens, die am maßlosen Wunsch Festgefahrenen und am maßgebietenden Schicksal Gescheiterten: die Neurotiker und die Fanatiker. Es ist klar, daß, je mehr die Menschheit als Ganzes ins Rollen gekommen ist aus dem Zentrum ins x, die Zahl der Einzelnen, die selber kein Zentrum gefunden haben, ins Ungemessene steigen mußte. Ebenso klar ist, daß jetzt an die Stelle der Theologie die Psychologie, an die Stelle des Heils die Gesundheit, an die Stelle des Leids das Symptom, an die Stelle des Seelsorgers der Arzt treten muß und daß an Stelle von Lebenssinn und -gehalt Lust und Unlust die ‚Vordergrundprobleme' geworden sind. In dem Hammerphilosophen Nietzsche und dem Arzte *Freud* hat das Säkulum zugleich seine Zuchtmeister und Erzieher gefunden. Aber während der erstere das unbekannte x, in das die Menschheit rollt, als Kreislauf der ewigen Wiederkunft des Gleichen bestimmt hat, eine Lösung, die die Mitwelt anzunehmen weder gewillt noch geschaffen war, und während er *Maß* und *Mitte* zu finden dachte ‚im Streben über die Menschheit hinaus', im *Über*-Menschen, hat Freud jenes x bestimmt als den Ausgang des Kampfes zwischen Eros und Tod, und hat er Mitte und Maß zu finden geglaubt in der Einsicht in eine, wenn auch sich ‚entwickelnde', so doch in ihrem Grunde sich ewig gleichbleibende menschliche Natur und in der weisen Unterwerfung unter die Gesetze oder Mechanismen dieser Natur.

Als Naturforscher hat er es aber nicht bewenden lassen bei der Aufzeigung des Ziels; in mühseliger Arbeit hat er zugleich den Weg, die ‚Methode' angegeben, wie der Einzelne zu diesem Ziel zu gelangen vermag; als Arzt hat er in unermüdlicher Geduld dem Einzelnen geholfen, diesen Weg zu beschreiten; in seiner menschlichen Existenz leuchtet er der Menschheit voraus als Erzieher zur Ehrfurcht vor den unbekannten Mächten des Lebens, zum Vertrauen in die Macht der wissenschaftlichen Vernunft, zur Wahrhaftigkeit vor sich selbst und vor der unerbittlichen Macht des Todes.» –

Bevor ich zeige, wie Freud meinen Vortrag aufgenommen hat, seien noch meine Tagebuchnotizen aus jenen Tagen herangezogen:

«Meine Frau und ich besuchten Freud und die Seinigen am 7. Mai nachmittags in seiner schönen Villa in Grinzing, die ganz voll Blumen, voll Rhododendren, Rosen, Nelken, Azaleen war. Er selbst, sehr frisch und freundschaftlich, nahm mich am Arm, führte mich in den großen Salon und anschließend in den Garten, frug nach allem, und ob ich nicht aufgeregt wäre angesichts meines bevorstehenden Vortrags. Wir sprachen von Jung, unserem ersten Besuch bei ihm und unseren Träumen (vgl. oben S. 10 f.), deren Deutung er noch wörtlich zitierte! Ich selbst sprach vom Tode meines Sohnes und davon, daß man es in einer solchen Katastrophe in der Hand zu haben glaube, ob man in eine Neurose glitte oder nicht. Er meinte aber, wie früher (S. 31[2]) schon bemerkt, das hänge doch von der «Konstitution» ab. Freud zeigte mir sodann sichtlich erfreut die wundervolle, von Thomas Mann gesammelte und verfaßte Dankadresse von 300 Künstlern. Ich finde in meinem Tagebuch noch die Bemerkung, daß ich sehr beglückt war, «den verehrten Mann und seltenen großen Geist» wiedergesehen zu haben.

Am andern Tag waren wir mit unserem alten Freund Leonhard Frank und einigen jungen «Akademikern», unter welchen ich Peter Roth in besonders freundlicher Erinnerung habe, zu Tisch. Nachher besuchten wir das schöne, neu eröffnete psychoanalytische Institut. Abends fand der Vortrag von Thomas Mann über «Freud und die Zukunft» statt. Ich fand ihn sehr «geistvoll und lehrreich . . ., mutig und besonders schön in der Form». Nur schien mir, daß der Redner fast mehr von sich selbst sprach als von Freud. Abends großes Bankett.

Am 1. Oktober 1936 schicke ich Freud meinen gedruckten Festvortrag als Huldigung und Denkmal und als «offenes

Bekenntnis hinsichtlich des Übereinstimmenden und Abweichenden». Am 8. Oktober 1936 erwidert er darauf in folgender herzlicher und amüsanter, sachlich nicht anders zu erwartender Weise[1]:

«Lieber Freund! Eine liebe Überraschung Ihr Vortrag! Die ihn angehört und mir berichtet hatten, waren sichtlich unberührt geblieben; es muß ihnen auch zu schwer gewesen sein. Im Lesen freute ich mich Ihrer schönen Diktion, Ihrer Gelehrsamkeit, des Umfangs Ihres Horizonts, des Taktes im Widersprechen. An Lob verträgt man bekanntlich ungemessene Mengen.

Natürlich glaube ich Ihnen doch nicht[2]. Ich habe mich immer nur im Parterre und Souterrain des Gebäudes aufgehalten. – Sie behaupten, wenn man den Gesichtspunkt wechselt, sieht man auch ein oberes Stockwerk, in dem so distinguierte Gäste wie Religion, Kunst u. a. hausen. Sie sind nicht der Einzige darin, die meisten Kulturexemplare des homo natura denken so. Sie sind darin konservativ, ich revolutionär. Hätte ich noch ein Arbeitsleben vor mir, so getraute ich mich auch jenen Hochgeborenen eine Wohnstatt in meinem niedrigen Häuschen anzuweisen. Für die Religion habe ich es schon gefunden, seitdem ich auf die Kategorie «Menschheitsneurose» gestoßen bin. Aber wahrscheinlich reden wir doch aneinander vorbei und unser Zwist wird erst nach Jahrhunderten zum Ausgleich kommen. In herzlicher Freundschaft und mit Grüßen an Ihre liebe Frau Ihr Freud.»

Wie man aus dem letzten Satz ersieht, betrachtet Freud unseren Gegensatz als einen durch empirische Forschung zu überwindenden, nicht als einen solchen hinsichtlich der, der empirischen Forschung zugrunde liegenden transzendentalen Verstehensentwürfe.

Ich dankte Freud in aller Herzlichkeit für diesen Brief,

[1] In derselben Weise erging es mir mit meinem hochverehrten psychiatrischen Lehrer E. Bleuler. Auch mit ihm habe ich zehn Jahre lang gekämpft, bis ich zur Einsicht gelangte, daß der Schüler nie hoffen soll, den Lehrer zu «bekehren».

[2] Hervorhebung von mir.

in dem ich meiner Ansicht nach noch glimpflich weggekommen sei. Wenn ich ihn in diesem Vortrag, wie auch sonst oft, mit Goethe verglichen hätte, so sei das geschehen «auf Grund der ausnahmslosen persönlichkeits- und schicksalsbedingten Selbständigkeit des Urteils auf allen Lebensgebieten und in allen Lebenslagen». Diese Übereinstimmung mache sich hie und da sogar im Stile geltend. Übrigens habe Häberlin mir geschrieben, er wünschte sich auch einmal eine solche Würdigung seines Lebenswerkes, wie sie «nur möglich sei auf Grund persönlicher Liebe». Ich schriebe ihm das nur, damit er sehe, daß auch andere, unbeschadet der Differenz des Standpunktes, spürten, daß die persönliche Liebe und Verehrung mir die Feder geführt habe.

Am 18. März 1938 schreibe ich Freud, daß ich ihn jederzeit zu mir einlüde, falls er einmal «eine Luftveränderung» wünsche. Eine Antwort hierauf ist nicht eingetroffen, fiel doch seine Wahl nicht auf die Schweiz, sondern auf England. Nachdem ich seine Londoner Adresse in Erfahrung gebracht hatte, schrieb ich unterm 5. Juli 1938:

«Ich war sehr erlöst, als ich hörte, daß Sie gut in England angekommen seien. Meine Gedanken, die ja nie lange von Ihnen weg sind, waren in letzter Zeit besonders oft bei Ihnen. Ich habe immer gewußt, daß Sie dem Wechsel der Zeiten und allen Plackereien mit psychoanalytischer Ruhe gegenüber stehen würden, trotzdem war ich aber besorgt, Sie in der unsicheren Atmosphäre zu wissen.

Ich würde mich sehr freuen, von jemandem aus Ihrer Umgebung zu hören, ob Ihre Frau, Ihre Tochter und Ihre Schwägerin mit Ihnen in England sind, und wie Sie sich dort eingelebt haben. Ich lasse alle die Ihrigen und auch Ihre Söhne herzlich grüßen.»

Am 19. Juli 1938 schrieb mir Freud seinen letzten Brief:

«Dank für Ihren freundlichen Gruß! Ich wußte, er würde nicht ausbleiben.

Ich bin hier zunächst provisorisch eingemietet, mit Frau, Schwägerin, die leider krank ist, Tochter Anna, verheiratete Tochter mit ihrem Mann, und Sohn Martin. Mein Sohn Ernst lebt hier im fünften Jahr als Architekt in gedeihlichen

Verhältnissen. Trotz aller Schwierigkeiten der neuen Umgebung – in England ist doch jede Einzelheit anders –, würden wir uns wol genug fühlen, wenn die Nachrichten aus Wien, die Unfähigkeit allen, die es so dringend brauchen, beizustehen, ein Gefühl von Behagen aufkommen ließen. Sohn und Schwiegersohn suchen nach Thätigkeit und Erwerb und haben sie noch nicht gefunden. Die Ausübung der Analyse ist in England uneingeschränkt, unsere englische Gruppe hat uns sehr freundlich aufgenommen. Ich höre gern, daß es Ihnen Allen gut geht, u. grüße Sie u. Ihre Familie herzlich
Ihr Freud.»

Für diesen Brief lasse ich ihm durch Anna Freud, der ich eine Dame zur psychoanalytischen Ausbildung empfahl, danken und sagen, daß er mir damit «eine *sehr* große Freude» gemacht habe. Da kaum ein Tag verginge, an dem ich nicht seiner gedächte, sei mir sein Brief ein froher, neuer Beweis seiner Freundschaft und eine große Beruhigung gewesen.

Nach Freuds Tod

Eine Todesanzeige findet sich unter meinen Papieren nicht, jedoch eine Kopie meines Kondolenzbriefes an seine Frau und Tochter vom 2. Oktober 1939. Er lautet:

«Ich mußte die Nachricht vom Tode Ihres lieben Mannes und Vaters einige Zeit verarbeiten, bevor es mir möglich war, Ihnen zu schreiben, verliere ich mit ihm doch ebenso viel wie mit einem nahen eigenen Angehörigen. Infolgedessen wird es mir auch schwer, Ihnen wie ein Außenstehender zu kondolieren. Ich fühle mich in diesen Tagen ganz Ihnen zugehörig und fühle mit Ihnen ganz wie einer der Ihrigen, wie ein Sohn oder Bruder. Erblicken Sie bitte meine Teilnahme darin, daß ich mich Ihnen nach dem Tode Ihres Mannes und Vaters erst recht verbunden fühle. Ihrem eigenen Schmerz möchte ich nicht nahe treten, er ist für mich heilig, so wie das Andenken an den Verstorbenen mir heilig ist.

Sie wissen, daß es nicht die wissenschaftliche Leistung und das wissenschaftliche Genie des Verstorbenen war, das allein mich an ihn fesselte, auch nicht die Tatsache, daß er meine ganze wissenschaftliche Laufbahn entscheidend beeinflußt hat. Noch viel mehr als all das war es meine jahrzehntelange tiefe Empfänglichkeit für die Größe und unbeugsame geistig-sittliche Kraft seiner Persönlichkeit. Das war alles aber getragen von meiner Liebe zu ihm, die sich vom ersten Tage unserer Begegnung in Wien im Jahre 1907 bis heute vollständig gleich geblieben ist. Es gehört zu dem größten Glück meines Lebens, daß Ihr Mann und Vater diese Liebe empfunden und mit seiner unentwegten Freundschaft beantwortet hat. In unserem Briefwechsel war nichts für mich beglückender als seine Feststellung vor einigen Jahren, daß wir uns nun durch 25 Jahre hindurch die Treue gehalten haben. Vor allem aber werde ich ihm nie vergessen, daß er mich im Jahre 1912 mitten aus seiner strengen Berufstätigkeit heraus hier in Kreuzlingen aufgesucht hat, nachdem ich ihm von einer schweren Erkrankung berichtet hatte. Dieser Besuch gehört zu den allerhöchsten Bezeugungen persönlicher Freundschaft, die ich im Leben erfahren habe. Es war für mich immer schmerzlich, daß ich diesen Akt seiner Freundschaft nicht mit einer ähnlichen Bezeugung meiner Freundschaft beantworten konnte. Einmal hatte ich es gehofft, nämlich damals, als in Wien der Umschwung eintrat und ich ihm schrieb, er möchte doch bei mir Schutz suchen. Freilich war ich dann auch glücklich zu wissen, daß er in England so liebevolle Aufnahme gefunden hat. Auch sein letzter Brief von dort bestätigte mir noch, daß er meiner gedachte.

Alle meine Besuche in Ihrem Hause an der Bergstraße bis zum letzten in Ihrer Villa stehen lebendig vor mir, ob ich nun mit meiner Frau und meiner Tochter, mit Jung oder mit Häberlin bei Ihnen war. Ihr Haus in der Bergstraße ist ein Stück Heimat für mich, das ich auch jetzt keineswegs als versunken, sondern als höchst lebendig und ewig empfinde. Ich möchte Ihnen danken, daß Sie mich von Anfang an unentwegt als einen der Ihrigen betrachtet und empfangen haben ...

In Ihren Schmerz, sehr verehrte Frau Professor, darf doch auch der Stolz eingehen, einem solchen Mann angehört und ihm einen so wunderbaren häuslichen Frieden geschaffen zu haben. – Ich bitte Sie, auch Ihrer Schwägerin und Ihren Kindern meine Teilnahme zu übermitteln. Ihnen, liebes Fräulein Anna, wünsche ich, daß Ihnen der Schmerz über das Scheiden Ihres Vaters sanfter werden möge in der Fortsetzung seines Werkes und seiner Bestrebungen.

Meine Frau verbindet sich mit mir in herzlicher Teilnahme und freundschaftlichem Gedenken. Ich selbst drücke Ihnen Beiden herzlich die Hände als Ihr treuer Freund L. B.»

Ich glaube recht zu handeln und nehme an, daß auch der Leser mir dankbar sein wird, wenn ich zum Schluß die mir unvergeßlichen Zeilen folgen lasse, die Frau Professor Freud der gedruckten Danksagung anzufügen die Güte hatte (7. November 1939):

«Lieber, verehrter Dr.! nehmen Sie meinen tief gefühlten, innigen Dank für Ihre guten, warmen Worte über unsern teuren Dahingeschiedenen! Wie viel Liebe und Verehrung er genossen, das kam uns jetzt erst recht zum Bewußtsein, empfingen wir doch aus der ganzen Welt die rührendsten Beweise davon. Wie schön, lieber Dr., daß Sie ihn noch in voller Manneskraft kennen gelernt, er hat ja zum Schluß unendlich gelitten, so, daß selbst die, welche ihn am liebsten für immer behalten hätten, seine Erlösung wünschen mußten! Und doch, wie furchtbar schwer ist es, ihn entbehren zu müssen. Ohne so viel Güte und Weisheit neben sich, weiterzuleben! Ein schwacher Trost ist für mich das Bewußtsein, daß in 53 Jahren unserer Ehe kein böses Wort zwischen uns gefallen und daß ich immer nach Möglichkeit getrachtet habe, ihm die Misère des Alltags aus dem Weg zu räumen. Nun hat mein Leben Sinn und Inhalt verloren.

Zum Schluß, lieber Dr., will ich Sie nur noch bitten, ein Zipfelchen der kostbaren Freundschaft, die Sie für *ihn* hegten, auch mir zu bewahren, und bin in dieser Hoffnung Ihre getreue Martha Freud.»

Im Jahre 1946 besuchte ich Frau Professor Freud – Anna Freud war leider gerade abwesend – in ihrem Heim in London. Ich freute mich, sie trotz aller Leiden, die sie durchgemacht, noch so frisch zu finden. Zu meinem großen Bedauern war ihre Schwester inzwischen gestorben. Es war für mich ein höchst merkwürdiges Gefühl, als ich in Freuds Zimmer geführt wurde, in dem ein großer Teil der Kunstgegenstände vor mein Auge trat, die ich schon bei meinem ersten Besuch in Wien und den darauf folgenden Besuchen in seinem Arbeitszimmer angetroffen hatte. Während ich keinerlei Mühe hatte, die Frau Professor von damals und die von heute in ihrer Lebendigkeit als ein und dieselbe zu sehen und zu empfinden, hatten die «toten Gegenstände» etwas Gespenstisches, den Charakter sozusagen von revenants. War es mir doch nicht möglich, ihre Vergangenheit, die von der Existenz ihres Besitzers unabtrennbar war, und ihre Gegenwart, der ohne ihn etwas Schatten- oder Geisterhaftes innewohnte, zu vereinen.